Walter Bogs

Grundfragen des Rechts der sozialen Sicherheit und seiner Reform

Sozialwissenschaftliche Abhandlungen

herausgegeben von der
Hochschule für Arbeit, Politik und Wirtschaft
(Hochschule für Sozialwissenschaften)
Wilhelmshaven-Rüstersiel

Heft 3

Grundfragen des Rechts der sozialen Sicherheit und seiner Reform

Von

Prof. Dr. Walter Bogs

Senatspräsident beim Bundessozialgericht

DUNCKER & HUMBLOT / BERLIN

Vorwort

Der Verfasser ist im Jahre 1953 von dem Bundesministerium für Arbeit gebeten worden, ein Gutachten über „die gegenwärtige Lage der Sozialversicherung und die Möglichkeit einer Reform des geltenden Rechts über die soziale Sicherheit unter Beibehaltung der Unterscheidung von Versicherung, Versorgung und Fürsorge" zu erstatten. Das Gutachten wurde im April 1954 abgeschlossen und ist alsbald zum Gegenstand eingehender Erörterungen in den Ausschüssen des beim Bundesarbeitsministerium auf Beschluß des Bundestages gebildeten Beirats für die Neuordnung der sozialen Leistungen gemacht worden. Im Hinblick auf die Vertraulichkeit der Arbeiten des Beirats und seiner Ausschüsse ist zunächst von einer Veröffentlichung des Gutachtens abgesehen worden. Erst im März 1955 hat der Verfasser im allseitigen Einvernehmen den wesentlichen Inhalt seines Gutachtens auf Einladung von Prof. Möller, Hamburg, in einem Vortrag vor dem Versicherungswissenschaftlichen Verein in Hamburg dargelegt und zur Diskussion gestellt. Der Stand der Arbeiten an der Sozialreform läßt es geboten erscheinen, das Gutachten nunmehr einem größeren Leserkreis zugänglich zu machen, um dadurch vor allem eine für die Gesamtreform fruchtbare Kritik an den Gedankengängen des Verfassers zu ermöglichen. Die seit der Abfassung des Gutachtens verstrichene Zeit und zahlreiche Diskussionen über die Probleme des Gutachtens, insbesondere im Grundsatzausschuß des Beirats, dem der Verfasser angehört, lassen es verständlich erscheinen, daß die Meinung des Verfassers zu den von ihm erörterten Fragen in manchen Punkten nicht unverändert geblieben ist. Trotzdem ist von einer weitgehenden Neubearbeitung des Gutachtens — auch des Tabellenwerkes — abgesehen worden, weil sein Wert wesentlich in der Klarstellung der für eine Reform wichtigen Fragestellungen und der begrifflichen Klärung der verschiedenen möglichen Formen sozialer Sicherung bestehen dürfte. Die konkreten Vorschläge für eine Reform sollten vornehmlich Möglichkeiten für Neugestaltungen aufzeigen, — in diesem Sinne behalten sie ihren Wert.

Die Veröffentlichung des Gutachtens erfolgt in der Schriftenreihe der Hochschule für Arbeit, Politik und Wirtschaft in Wilhelmshaven-Rüstersiel, deren Lehrkörper der Verfasser zur Zeit der Erstattung des Gutachtens als Ordinarius für Arbeits- und Sozialrecht angehört hat. Der Verfasser wollte damit seine Verbundenheit gegenüber dieser neuen Niedersächsischen Hochschule für Sozialwissenschaften zum Ausdruck bringen. Bei der Anfertigung des Gutachtens hat ihm sein damaliger wissenschaftlicher Assistent, Assessor Dieter Schewe, zur Seite gestanden.

Kassel, im August 1955.

Walter Bogs

Inhalt

Die Aufgabe

Dem Verfasser ist vom Bundesarbeitsminister der Auftrag erteilt worden, auf Grund einer Untersuchung über die gegenwärtige Rechtslage die Möglichkeit einer Reform des Rechts der sozialen Sicherheit unter Beibehaltung der Unterscheidung von Versicherung, Versorgung und Fürsorge zu prüfen. Die Aufgabe ist also begrenzt: Es gilt nicht, auf Grund einer Erfassung des gegenwärtigen Rechtszustandes sowie der ihm anhaftenden Mängel — denn solche allein, nicht ideologische Forderungen sollten eine Reform rechtfertigen — zu Reformvorschlägen beliebig sinnvoller Art zu gelangen; die Untersuchung und möglichst auch die Vorschläge für eine Neuordnung sollen vielmehr von bestimmten Grundprinzipien sozialer Sicherung ausgehen, nämlich der Unterscheidung von Versicherung, Versorgung und Fürsorge. Es sind also zunächst die Formen der Versicherung, Versorgung und Fürsorge, wie sie in der Rechtsentwicklung und im geltenden Recht in Erscheinung treten, aufzuzeigen und in ihrem Sinngehalt zu erläutern; alsdann ist zu prüfen, ob bei einer Reform des geltenden Rechts über die soziale Sicherheit solche Unterscheidungen sinnvoll beibehalten werden können, ob es also gelingt, das Modell einer sozialen Sicherung zu entwerfen, das soziale Sicherheit garantiert und dabei die dem alten Recht immanente Unterscheidung von Versicherung, Versorgung und Fürsorge nicht aufgibt, ja diese Unterscheidungen vielleicht sogar verstärkt hervortreten läßt.

Damit ist der Weg für die Untersuchung vorgezeichnet: Es bedarf zunächst einer Klärung der Begriffe Versicherung, Versorgung und Fürsorge in ihrer Idealform (Erster Teil). Dem hat sich die kritische Prüfung anzuschließen, ob und inwieweit die Rechtswirklichkeit von diesen Prinzipien getragen ist (Zweiter Teil); in einem besonderen Abschnitt dieses Teils wird näher auf die Technik des geltenden Rechts, insbesondere die Frage der mehrfachen Erfassung von Tatbeständen durch verschiedene Institute sozialer Sicherung (Normenkonkurrenz, im folgenden auch „Überschneidungen" genannt) eingegangen werden. — An diese Analyse des gesetzten Rechts und der Rechtswirklichkeit soll sich der Versuch anschließen, ein Modell für soziale Sicherung unter Beibehaltung der nunmehr klarer erfaßten prinzipiellen Unterscheidungen zwischen Versicherung, Versorgung und Fürsorge zu entwerfen (Dritter Teil).

Erster Teil

Versicherung, Versorgung und Fürsorge als Gestaltungsprinzipien sozialer Sicherung

I. Begriffliche Unterscheidungen[1]

A. Versicherung

Die Versicherung ist in ihrer reinen Form nicht in der sozialen, sondern in der Individualversicherung — meist ungenau „Privatversicherung" genannt — am deutlichsten zu erkennen. Ihre deutschrechtliche Entwicklungslinie[2] geht auf die durch freien genossenschaftlichen Zusammenschluß entstandenen Gilden des frühen Mittelalters zurück, die allmählich den Charakter von Schutzgilden annahmen und „durch gemeinsame Selbsthilfe den vom Staat nicht mehr gewährten Rechtsschutz zu erreichen suchten"[3]. In den Worten „gemeinsame Selbsthilfe" sind die Grundgedanken auch der modernen Versicherung treffend zusammengefaßt: Die Sicherung vor Gefahren durch Sondergemeinschaften (Gefahrengemeinschaften) der Gefährdeten[4]. Diese Gefahrengemeinschaften werden also gebildet von denen, die von gleichartigen Gefahren bedroht sind, mithin gleichartige Risiken tragen. Sie wirken als „Ausgleichsgemeinschaften", indem sie unter den Mitgliedern der Gemeinschaft einen R i s i k o a u s g l e i c h herbeiführen.

Der bei Eintritt eines Schadens bei dem einzelnen Geschädigten entstandene Bedarf (z. B. Kapital zum Wiederaufbau eines abgebrannten Hauses) wird von der Gesamtheit der Gefahrengenossen gedeckt, belastet also nicht den betroffenen Versicherten allein. Um in allen Be-

---

[1] Die folgenden Darlegungen über die Unterscheidung von Versicherung, Versorgung, Fürsorge und Sozialversicherung sind bereits in dem Beitrag des Verf. in der Festschrift für Johannes *Krohn* (1954) „Zur Rechtsnatur der Versorgungseinrichtungen freier Berufe" enthalten. Dazu jetzt kritisch *Krohn* in Festgabe für Walther *Rohrbeck* („Beiträge zur Versicherungswissenschaft"), 1955, S. 175 ff.

[2] Vgl. dazu Julius v. *Gierke,* „Versicherungsrecht", 1. Hälfte, 1937, Seite 8 ff.

[3] Vgl. Otto *Gierke,* „Rechtsgeschichte der deutschen Genossenschaften", 1868, S. 230.

[4] Vgl. auch zum folgenden J. v. *Gierke* a.a.O., S. 1 ff., 29. Dabei ist bemerkenswert: während im Mittelalter die mangelnde Sicherung durch den Staat zur Bildung von „Versicherungsgemeinschaften" führte, besteht heute eine Tendenz zur Sicherung durch den Staat, weil andere Formen der Sicherung offenbar als nicht mehr ausreichend empfunden werden.

darfsfällen jederzeit sicher Leistungen gewähren zu können, erhebt die
Gemeinschaft Beiträge, die so zu bemessen sind, daß sie insgesamt aus-
reichen, um die schätzungsweise eintretenden Schadensfälle zu decken
(Versicherungstechnisches Äquivalenzprinzip)[5]. Die Höhe des Beitrages
(Prämie), den die Versicherten zu entrichten haben, hängt also von der
Größe der Risiken ab, mit denen die Gefahrengemeinschaft belastet
wird. Die Ansammlung eines ausreichenden „Ausgleichsfonds" durch
Beiträge setzt S c h ä t z b a r k e i t   d e r   R i s i k e n voraus, denn nur
dann ist eine Kalkulation der von den Versicherten zu leistenden Beiträge möglich. Wir können also mit Manes[6] die Versicherung begreifen
als „auf Gegenseitigkeit beruhende wirtschaftliche Veranstaltung
zwecks Deckung zufälligen schätzbaren Vermögensbedarfs".

Für unser Betrachtung ist es wichtig festzustellen, daß jede Versicherung demnach durch folgende Merkmale gekennzeichnet ist:

1. Zusammenschluß der mit gleichartigen und schätzbaren Risiken Be-
lasteten zu Sondergemeinschaften (Gefahrengemeinschaften),

2. Risikoausgleich innerhalb der Gefahrengemeinschaft, indem

a) jeder Versicherte Beiträge auf Grund genauer Kalkulation der Gefahren und des Bedarfs leistet, die insgesamt ausreichen, um bei Eintritt jedes Versicherungsfalles einen Ausgleich der entstandenen Nachteile vorzunehmen, und

b) jeder Versicherte bei Eintritt des Versicherungsfalls Anspruch an
die Gemeinschaft auf Ausgleich der ihm durch den Versicherungsfall
erwachsenen Nachteile hat.

Erfordert somit das versicherungstechnische Ä q u i v a l e n z p r i n -
z i p Verhältnismäßigkeit zwischen Leistungen und Gegenleistungen
unter den bei der Versicherung i n s g e s a m t Beteiligten, so widerspricht es doch andererseits dem Versicherungsprinzip, wenn zwischen
der von dem einzelnen Versicherten tatsächlich geleisteten Beitrags-
summe und der ihm gegebenenfalls zustehenden Versicherungsleistung
(sofern der Versicherungsfall in seiner Person eintritt) eine solche Beziehung besteht: Bei Eintritt des Versicherungsfalles erhält vielmehr
der Versicherte die gesamte Versicherungsleistung ohne Rücksicht darauf, wieviel an Beiträgen er bis dahin geleistet hat, — wie ihm andererseits trotz regelmäßiger Beitragszahlung keine Versicherungsleistung
zusteht, wenn er überhaupt nicht von „S c h a d e n" betroffen wird, also
der Versicherungsfall in seiner Person nicht eintritt. E s   i s t   d a h e r
m i ß v e r s t ä n d l i c h   u n d   u n g e n a u, wenn gelegentlich die Mei-

---

[5] Vgl. *Mahr*, „Einführung in die Versicherungswirtschaft", 1951, S. 137;
auch *Manes,* „Versicherungswesen", Bd. I (1924) S. 119, „Grundprinzip aller
Versicherungstechnik ist die erwartungsgemäße Proportionalität von Leistung und Gegenleistung".
[6] Handbuch der Staatswissenschaften, 4. Aufl. (1928) unter „Versicherung".

nung geäußert wird, d a ß n a c h d e m V e r s i c h e r u n g s p r i n z i p
d i e V e r s i c h e r u n g s l e i s t u n g (z. B. die Rente) v o n d e r
S u m m e d e r i n s g e s a m t f ü r d e n V e r s i c h e r t e n t a t -
s ä c h l i c h g e z a h l t e n B e i t r ä g e a b h ä n g i g s e i n m ü s s e ;
das G e g e n t e i l i s t r i c h t i g : Der versicherungsmäßige Risikoausgleich innerhalb der Versichertengemeinschaft bedeutet, daß der
einzelne Versicherte mehr oder weniger an Versicherungsleistungen bezieht, als er an Beiträgen tatsächlich an die Gemeinschaft gezahlt hat, —
anderenfalls wäre er nicht versichert gewesen, sondern hätte sich durch
S p a r e n gesichert.

Hat somit der für die Versicherung typische Risikoausgleich zur Folge,
daß zwischen der Summe der von dem einzelnen Versicherten tatsächlich g e z a h l t e n Prämien und der ihm im Falle des Eintritts des Versicherungsfalles zustehenden Versicherungsleistung keine bestimmte
Wertrelation besteht, so ist doch andererseits eine solche Beziehung
zwischen der bei Eintritt des Versicherungsfalles zu gewährenden Versicherungsleistung und der Höhe der im allgemeinen laufend z u z a h -
l e n d e n einzelnen Prämie gegeben. Deren Höhe ist nämlich abhängig
von dem Risiko (nach Mahr „Verlustchance"), gegen das die Versicherten durch die Versicherung geschützt werden; — das ergibt sich schon
aus dem beschriebenen Äquivalenzprinzip, wonach das Gesamtaufkommen an Prämien dem geschätzten Bedarf an Versicherungsleistungen
insgesamt entsprechen muß. Indessen kann dieses W e r t v e r h ä l t n i s
z w i s c h e n P r ä m i e u n d e r w a r t e t e r V e r s i c h e r u n g s -
l e i s t u n g sehr verschieden gestaltet sein, je nachdem, ob die Leistungen der Versicherung durch „g e n e r e l l e P r ä m i e n" oder „s p e -
z i e l l e P r ä m i e n" gedeckt werden. Gerade in diesen verschiedenen
Formen der Prämienbemessung werden wir einen wesentlichen Unterschied zwischen der individuellen und der sozialen Versicherung erkennen, so daß hier etwas näher darauf eingegangen werden muß (vgl. dazu
des Näheren Mahr, a.a.O., S. 185 ff.).

Werden für die Schadenshäufigkeit und den Schadensumfang auf Grund
der statistischen Unterlagen für die Gesamtheit aller Versicherten Durch-
schnittswerte errechnet, sieht man also bei der Prämienkalkulation von
den unterschiedlichen Risiken einzelner Versichertengruppen ab, so erhält
man „g e n e r e l l e P r ä m i e n"; bei ihnen besteht lediglich eine Beziehung zwischen dem Gesamtaufkommen an Prämien und der gesamten
Versicherungslast, es wird der gesamte „Versichertenbestand" ohne Rücksicht auf individuelle oder gruppenmäßige Besonderheiten der Versicherten
gleichmäßig mit Beiträgen belastet. In der Lebensversicherung würde also
die Erhebung von generellen Prämien bedeuten, daß für alle Versicherten
einer Lebensversicherungsgesellschaft ohne Rücksicht auf ihr Lebensalter
beim Eintritt in die Versicherung gleich hohe Prämien zu zahlen wären.

Werden dagegen bei der Prämienbemessung die besonderen Verhältnisse
einzelner Teile des „Versichertenbestandes" je nach dem verschiedenen
Risiko der Angehörigen dieser Gruppen berücksichtigt, wird also der Ver-

sichertenbestand nach „Gefahrenklassen" aufgegliedert und in Unter-
gruppen aufgeteilt und werden die Prämien dem besonderen Risiko jeder
Gruppe angepaßt, so sprechen wir von „s p e z i e l l e n P r ä m i e n". Es
erhellt ohne weiteres, daß hier die Beziehung zwischen der Prämienleistung
des einzelnen Versicherten und der erwarteten Versicherungsleistung eine
viel engere als bei generell berechneten Prämien ist, da die erwartete
Versicherungsleistung nach den besonderen Merkmalen der betreffenden
Versichertengruppe bewertet und demgemäß die B e i t r ä g e d e r v e r -
s c h i e d e n e n H ö h e d e s R i s i k o s a n g e p a ß t sind.

Diese „speziellen Prämien" beherrschen die gesamte Individualversicherung (Mahr a.a.O., S. 188). Das ist verständlich, wenn wir berücksichtigen, daß in der grundsätzlich auf freiem Vertragsabschluß beruhenden Privatversicherung die Träger guter Risiken im allgemeinen
es ablehnen würden, sich zu für sie ungünstigen — weil nach dem allgemeinen Durchschnitt aller Versicherten berechneten — Prämien zu
versichern; sie würden daher zu Versicherungen mit differenzierteren
Prämien abwandern, und es blieben immer nur die schlechten Risiken
in der mit generellen Prämien arbeitenden Versicherung, was eine Bei-
tragserhöhung dieser Versicherung und damit wiederum Abwanderung
der besseren Risikoträger zur Folge hätte usf. — So sind generelle Prämien in der freien Versicherungswirtschaft nur beschränkt verwertbar
(etwa bei bestimmten Arten von Gruppenversicherungen), sie widersprechen auch in ihrer N i v e l l i e r u n g s t e n d e n z den Prinzipien
einer auf differenzierter Eigentumsverteilung beruhenden freien Ver-
kehrswirtschaft. In diesem Sinne bezeichnet Gürtler (nach Mahr a.a.O.,
S. 188) die A b s t u f u n g d e r P r ä m i e n a l l e i n n a c h d e r G e -
f a h r — ohne Rücksicht auf soziale Momente — als den „G r u n d s a t z
d e r v e r s i c h e r u n g s t e c h n i s c h e n G e r e c h t i g k e i t".
Es sei des Zusammenhangs wegen schon an dieser Stelle bemerkt, daß
die S o z i a l v e r s i c h e r u n g eine Gefahrenklassifikation mit von der
Höhe des Risikos (der Gefahr) abhängigen Beiträgen nur in der Unfallversicherung — das ist, versicherungsmäßig gesehen, eine Haftpflichtversicherung der Unternehmer — kennt, während in allen anderen Versicherungszweigen die Beiträge in Prozenten des Arbeitsentgelts erhoben
werden (Näheres zur Sozialversicherung s. unten).

Z u s a m m e n f a s s e n d ist festzustellen, daß die Prämienbemessung in der Privatversicherung grundsätzlich in der Weise erfolgt, daß
die Höhe der Beiträge von der Höhe des für die betreffende Versiche-
rungsgruppe ermittelten Risikos abhängt. In diesem Sinne ist in der
Tat eine e n g e B e z i e h u n g z w i s c h e n B e i t r a g u n d V e r -
s i c h e r u n g s l e i s t u n g g e g e b e n. — Diese Beziehung findet in
der rechtlichen Gestaltung ihren Ausdruck im Versicherungsvertrag, in
dem eine gefährdete Person sich zur Leistung von Prämien verpflichtet,
während die andere Vertragspartei (der Versicherer) die Bereitstellung
des erforderlichen Vermögensbedarfs zusichert (so Ehrenberg i. Hand-
wörterb. d. Staatswissenschaft, 4. Aufl., unter „Versicherungsrecht").

Es besteht mithin in der Individualversicherung zwischen Beitragszahlung und Versicherungsleistung auch rechtlich ein Gegenseitigkeitsverhältnis. Der dem Versicherten gewährte Schutz findet sowohl bei rechtlicher als auch bei wirtschaftlicher Betrachtung seinen Grund und — hinsichtlich der Höhe der Versicherungsleistung — auch seine Begrenzung in der Prämienzahlung. Die Individualversicherung ist daher mit Recht als eine typische Form der S e l b s t h i l f e , und zwar — wie eingangs dargelegt — der gemeinsamen Selbsthilfe der Gefährdeten anzusehen.

B. Versorgung

1. Die Sonderversorgung

Die Versorgung hingegen kennt ein solches Gegenseitigkeitsverhältnis nicht. Sie bedeutet Einräumung von Rechtsansprüchen auf Ausschüttung öffentlicher Mittel an die Versorgungsberechtigten. Der Berechtigte steht der Versorgungseinrichtung — das ist in der Regel der Staat — nur als Fordernder, nicht als Verpflichteter gegenüber. Nicht die Eigenvorsorge durch Abschluß eines Versicherungsvertrages und Prämienzahlung (Selbsthilfe) führt zur Versorgung, sondern allein die staatliche Hilfe.

Das hat zur Folge, daß die aus Staatsmitteln zu finanzierenden Versorgungsleistungen nicht durch das Aufkommen an Beiträgen begrenzt sind, sie sind vielmehr in ihrer Art und Höhe b e s t i m m t d u r c h d e n Z w e c k der betreffenden Versorgung, einen Ausgleich zu gewähren für Nachteile, die die Versorgungsberechtigten meist im Interesse der Allgemeinheit hinnehmen mußten: So soll ein Ausgleich gewährt werden den Kriegsopfern für Minderungen der Erwerbsfähigkeit, den Empfängern von Unterhaltsrenten (nach dem Lastenausgleichsgesetz) für die Schäden, die sie in der Vergangenheit durch Flucht oder Verdrängung erlitten haben. Dieser Schadensausgleich erfolgt nun aber nicht im Rahmen einer „Sondergemeinschaft" (vgl. oben unter Versicherung) der Versorgten, sondern der Ausgleich wird im allgemeinen von der Gesamtheit der Staatsbürger durch Steuerzahlung herbeigeführt. Der Anspruch des Versorgungsberechtigten besteht mithin in der Regel auch nicht gegenüber einer Sondergemeinschaft (Gefahrengemeinschaft), sondern er richtet sich grundsätzlich gegen den Staat. Der Versorgte ist nicht Mitglied einer Gefahrengemeinschaft, der gegenüber er Pflichten verschiedener Art hätte, er ist p a s s i v e r E m p f ä n g e r v o n s t a a t l i c h e n L e i s t u n g e n . — Stellt somit die Versorgung einen Ausgleich der Allgemeinheit für Schäden und Opfer der Versorgten dar, so ist auch ihr Umfang nicht durch die Leistungsfähigkeit einer Sondergemeinschaft begrenzt, sondern wird allein durch den Ausgleichsbedarf bestimmt. Er muß grundsätzlich durch Steuern in der jeweils notwendigen Höhe aufgebracht werden. Rohrbeck (Gegenwartsfragen sozialer Versicherung, 1950, S. 23) sagt dazu treffend: „Versorgung ist — im Gegensatz zur Versicherung — nicht zu kalkulieren, sondern zu etatisieren."

Dieser wesentliche Unterschied zwischen Versicherung als Selbsthilfe und Versorgung als Staatshilfe schließt nicht aus, daß die Leistungsformen der Versicherung und Versorgung sich vielfach gleichen: Sowohl der Versicherte als auch der Versorgte haben einen k l a g b a r e n R e c h t s a n s p r u c h auf bestimmte Leistungen, die wiederum ihrem Gegenstand nach weitgehend übereinstimmen (etwa Renten, Krankengeld und Krankenpflege). — In ihrer reinen Form — so bei Gewährung der Grundrente in der Kriegsopferversorgung — sind die Leistungen der Versorgung ebenso wie die der Versicherung nicht von dem jeweils wechselnden Bedarf des Versorgten abhängig, der durch Bedürftigkeitsprüfungen festzustellen wäre, sondern es besteht im allgemeinen ein Anspruch auf im voraus dem Umfang nach bestimmte Leistungen. Auch soweit die Versorgung (in abgeschwächter Form) ihre Leistungen von einem Bedürfnis des Versorgten abhängig macht — etwa bei der Ausgleichsrente der Kriegsopferversorgung und auch bei der Arbeitslosenfürsorge — wird dieses im allgemeinen nicht durch individuelle Bedürftigkeitsprüfung, sondern generell durch Anrechnung bestimmter Einkünfte festgestellt (generelle Bedürftigkeitsprüfung).

2. D i e S t a a t s b ü r g e r v e r s o r g u n g

Die Versorgung in dem bisher dargestellten Sinne — besser als „S o n d e r v e r s o r g u n g" gekennzeichnet — unterscheidet sich ihrem Wesen nach von der sogenannten S t a a t s b ü r g e r v e r s o r g u n g. Wenn beide im allgemeinen zusammen genannt werden, so ist dafür wohl in erster Linie die Überlegung maßgebend, daß beide sich in gleicher Weise von der Fürsorge unterscheiden, indem sie ohne individuelle Bedürftigkeitsprüfung klar abgegrenzte Ansprüche auf bestimmte Leistungen gewähren, mögen auf diese auch (im Sinne einer generellen Bedürftigkeitsprüfung) gewisse Einkünfte angerechnet werden; beide Arten der Versorgung weisen auch gegenüber der Versicherung die Besonderheit auf, daß sie nicht aus Beiträgen finanziert werden. Die Staatsbürgerversorgung kann aber mit der Sonderversorgung im übrigen nicht gleichgesetzt werden. Sie unterscheidet sich von ihr nicht nur zahlenmäßig derart, daß die Sonderversorgung bestimmt abgegrenzte Personengruppen, die Staatsbürgerversorgung aber die gesamte Bevölkerung umfaßt; vielmehr findet bei der letzteren eine grundsätzlich andere Betrachtung statt.

Die S o n d e r v e r s o r g u n g gewährt Leistungen zum Ausgleich bestimmter Schäden, die wiederum aus einer ganz bestimmten **Ursache** erwachsen sind; es ist gerade diese Ursache, die den Staat dazu veranlaßt, Leistungen zu gewähren, etwa an Kriegsopfer für die im Wehrdienst erlittenen Beschädigungen, an Flüchtlinge und Verdrängte für den durch politische Ereignisse erlittenen Verlust des Vermögens und der Existenzgrundlage. Die Sonderversorgungen gehen also von einer k a u s a l e n   B e t r a c h t u n g aus[7]. Sie gleichen nicht alle Schäden aus, sondern nur solche, die auf einer bestimmten, staatspolitisch erheblichen Ursache beruhen. — Im Unterschied dazu kommt es bei der S t a a t s b ü r g e r v e r s o r g u n g grundsätzlich nicht auf den Grund des Schadens an, der nach einem Ausgleich verlangt; vielmehr berücksichtigt sie nicht einmal den tatsächlich erlittenen Schaden, sondern stellt nur darauf ab, ob typischerweise ein Notstand besteht, dessen Beseitigung für die Zukunft notwendig erscheint. Die Staatsbürgerversorgung wendet also eine f i n a l e   B e t r a c h t u n g an; ihr Ziel ist es, das Existenzminimum für alle Staatsbürger in gleichmäßiger Weise zu sichern. Die Staatsbürgerversorgung geht also von einem Bedarf aller Bevölkerungsgruppen aus, der in bestimmten Lebenslagen einzutreten pflegt (z. B. im Alter, durch Unfall, durch Krankheit usw.), ohne Rücksicht darauf, ob er im Einzelfalle auch wirklich gegeben ist. — Demnach unterscheiden sich also Sonderversorgung und Staatsbürgerversorgung durch die vorwiegende Anwendung der kausalen bzw. der finalen Betrachtungsweise. Diese verschiedene Betrachtung wirkt sich auf die Größe des umfaßten Personenkreises und auf die Art und Höhe der Leistungen aus.

Allerdings werden Sonderversorgung und Staatsbürgerversorgung in gleicher Weise finanziert, nämlich vom Staat durch allgemeine Steuermittel; auch in den Systemen der S t a a t s b ü r g e r v e r s o r g u n g, in denen allgemeine „Beiträge" zur Finanzierung der Rentenleistungen erhoben werden, stellen diese eine besondere Art einer allgemeinen Steuer dar. Trotz der gleichartigen Finanzierung sind aber die wirtschaftlichen und die sozialen Wirkungen der Sonderversorgung und der Staatsbürgerversorgung verschieden. Die Sonderversorgung bedeutet eine wirtschaftliche Begünstigung bestimmter, im allgemeinen eng umgrenzter Personengruppen, die Staatsbürgerversorgung dagegen führt zu einer weitgehenden Gleichbehandlung aller Staatsbürger hinsichtlich der Leistungen und damit zu einer allgemeinen Nivellierung von der Leistungsseite her. Durch die Art der Aufbringung der Mittel bewirkt die Staatsbürgerversorgung im wesentlichen eine Einkommensumschichtung auf dem Wege über die Steuer. Durch die progressive Wirkung der Einkommensteuer auf der Aufbringungsseite und die gleichmäßigen Leistungen hat die Staatsbürgerversorgung eine Minde-

---

[7] Zur kausalen und finalen Betrachtung vgl. *Achinger*, Soziale Sicherheit, 1953, S. 105.

rung der hohen Einkommen und eine Erhöhung der niedrigen Einkommen zur Folge, ebenso auch eine Umschichtung der Einkommen von Ledigen zugunsten der verheirateten Personen mit Kindern. Diese Einkommensumschichtung ist bei der Staatsbürgerversorgung auch erstrebt, sie ist nicht nur — wie wohl bei den Sonderversorgungen — ein dabei sich zufällig ergebender Effekt.

C. Die Fürsorge

Gegenüber den verschiedenen Arten der Versorgung ist die F ü r - s o r g e ihrer Grundform nach ganz auf i n d i v i d u e l l e H i l f e ausgerichtet. Sie kennt ebenso wie die Versorgung keine Beiträge, auch ihre Mittel werden durch Steuern aufgebracht, aber die Verteilung dieser Mittel erfolgt nach Prinzipien, die von denen der Versicherung und Versorgung grundlegend abweichen: Die Fürsorge hilft dem einzelnen Fürsorgeempfänger je nach der Besonderheit seiner Lage mit denjenigen Mitteln, durch die gerade in diesem speziellen Fall am besten die Not abgewendet werden kann (vgl. Muthesius, „Fürsorgerecht", 1928, S. 4). Die Fürsorge wirkt zudem nur subsidiär, d. h. sofern nicht andere, z. B. Familienangehörige, zur Unterstützung verpflichtet sind. — Obgleich auch die Fürsorgeunterstützung von der öffentlichen Hand gewährt und demgemäß durch Steuern aufgebracht wird, liegt ihre Gewährung nicht in der Hand des Staates, sondern sie ist den besonders mit den Gemeinden eng verbundenen Fürsorgeträgern anvertraut. So sucht die Fürsorge das ursprünglich persönliche „H i l f e v e r h ä l t - n i s", d. h. die menschliche Beziehung zwischen Gebendem und Nehmendem aufrechtzuerhalten. Dieser Hilfsform entspricht es, daß — jedenfalls nach der bis 1945 ganz überwiegend vertretenen Auffassung — ein klagbarer Rechtsanspruch auf Fürsorgeleistungen nicht gegeben war. — Auf die großen Wandlungen, die dieses „reine Fürsorgerecht" gerade im Laufe der Entwicklung der letzten Zeit erfahren hat, wird weiter unten (im Zweiten Teil) einzugehen sein. Auch wenn man mit der heute überwiegenden Meinung einen Rechtsanspruch auf Fürsorge bejaht, so bleibt doch die Bedeutung der individuellen Bedürftigkeitsprüfung und der individuellen Hilfe als wesentliches Charakteristikum der Fürsorgeleistung bestehen.

II. B e g r i f f l i c h e   E i n o r d n u n g   d e r   S o z i a l - v e r s i c h e r u n g

A. Solange es eine Sozialversicherung gibt, herrscht Streit darüber, ob sie ihrer Rechtsform und ihrem gesamten Wesen nach zur Versicherung zu rechnen ist und also ihren Namen mit Recht trägt. Die Juristen, die die großen Unterschiede zwischen der Gestaltung gesetzlicher Zwangsversicherung und der auf privatem Vertragsschluß beruhenden

Privatversicherung hervorheben, sprechen ihr überwiegend den Versicherungscharakter ab. R o s i n , der den damals ganz neuartigen Sozialversicherungsgesetzen schon 1893 eine zweibändige Untersuchung widmete („Recht der Arbeiterversicherung"), hält es trotz der Gesetzessprache, die von „Versicherung" — übrigens damals noch nicht von Sozialversicherung — handelt, für unzulässig, die Arbeiterversicherung als Ganzes rechtlich dem Begriff der Versicherung zu unterstellen[8]. Ihm folgte L a b a n d in seinem „Staatsrecht" (5. Aufl., Bd. 3, S. 289). Auch K a s k e l - S i t z l e r vertreten in ihrem alsbald nach Verkündung der RVO — 1912 — erschienenen eingehenden „Grundriß des sozialen Versicherungsrechts" (S. 38 ff.), K a s k e l auch noch in dem die neue Disziplin des Arbeitsrechts einführenden Werk über „Das Neue Arbeitsrecht" (1920, S. 92) die Auffassung, daß die „Sozialversicherung nach richtiger Auffassung rechtlich keine Versicherung bildet". L u t z R i c h t e r (Sozialversicherungsrecht, 1931, S. 9) schließt sich der Meinung Kaskels an, fügt aber hinzu, daß die Sozialversicherung wirtschaftlich in ihrem Aufbau von den gleichen oder doch sehr ähnlichen Gedanken wie die eigentliche Versicherung beherrscht sei. J e l l i n e k nimmt zu der Frage nicht ausdrücklich Stellung, immerhin spricht er in seinem „Verwaltungsrecht" (3. Aufl., Neudruck 1948, S. 540) von dem der sozialen Versicherung eigentümlichen Verhältnis der „unfreiwilligen Versicherung", sieht also offenbar die Sozialversicherung als eine besondere Versicherungsform an. — M ö l l e r sucht in einem Vortrag über Sozialversicherung und Privatversicherung („Gegenwartsfragen sozialer Versicherung", 1950, S. 74 ff.)[9] nachzuweisen, daß es eine begrifflich klare Trennung zwischen Sozialversicherung und Privatversicherung nicht gibt.

Die wirtschaftswissenschaftliche Betrachtung kommt ganz überwiegend zu dem Ergebnis, daß die Sozialversicherung eine besondere Form der Versicherung darstelle. Besonders entschieden betont M a n e s in seinem grundlegenden, die Individual- und Sozialversicherung gleichermaßen umfassenden Werk über das „Versicherungswesen" (5. Aufl., 1932, Bd. 3, S. 175), es könne nur der Wunsch derer sein, die lediglich einen Teil der Versicherung kennen, in Forschung und Lehre eine Scheidewand zwischen Privat- und Sozialversicherung errichten zu wollen; der Januskopf der Versicherung habe eben zwei Gesichter, das eine zum Kapital, das andere zur Arbeit gewandt. R o h r b e c k schließt sich in seiner Abhandlung über den Begriff der Sozialversicherung („Gegenwartsfragen sozialer Versicherung", 1950, S. 17 ff.)[10] dieser Mei-

---

[8] Vgl. zusammenfassend *Rosin*, „Die Rechtsnatur der Arbeiterversicherung" in Festgabe für *Laband* (1908) Bd. II S. 43 ff.

[9] Vgl. auch *Bruck-Möller*, Kommentar zum Versicherungsvertragsgesetz (1953), § 1 Anm. 13 ff.

[10] Vgl. jetzt auch *Rohrbeck*, Arbeit und Sozialpolitik, 1954, S. 306 ff.

nung mit dem Hinweis an, daß der Gesetzgeber mit der Bezeichnung Versicherung alle Tatbestände erfaßt habe, die ihrem wirtschaftlichen Wesen nach der Versicherung zuzurechnen seien; er fügt aber hinzu, daß die unaufhörliche Entwicklung der Sozialversicherung ihre Aufgaben und Ziele gewandelt habe, und daß es infolgedessen fraglich sein könne, ob die anfängliche Linie der Einrichtung einer Versicherung behauptet oder verlassen wurde. Auch M a h r („Einführung in die Versicherungswirtschaft", 1951) sieht in der Sozialversicherung eine durch ihren besonderen Schutzzweck gekennzeichnete Versicherungsform (S. 332 ff).

Welche Meinung auch immer die verschiedenen Autoren vertreten, alle sind darüber einig, daß die Sozialversicherung jedenfalls gegenüber der Individualversicherung und auch gegenüber Versicherung und Fürsorge sehr viele Eigentümlichkeiten aufweist, die ihre uneingeschränkte Zuordnung zu der einen oder anderen Gestaltungsform sozialer Sicherung nicht zulassen. Wenn wir — etwa mit Manes (a.a.O. S. 3) — Versicherung ganz weit als „gemeinsame Deckung eines möglichen, in seiner Gesamtheit schätzbaren Bedarfs durch Verteilung auf eine organisierte Vielheit" verstehen, dann freilich ist auch die Sozialversicherung dazuzurechnen; denn wie stark auch immer, besonders in jüngerer Zeit, Entwicklungslinien festzustellen sind, die die klaren Unterscheidungen zwischen Versorgung, Versicherung und Fürsorge weitgehend ausschließen (vgl. dazu den Zweiten Teil), so bestimmt doch auch heute noch der für die Versicherung wesentliche Gedanke der Verteilung der Risiken auf die Gemeinschaft der Versicherten in starkem Maße die deutsche Sozialversicherung.

B. Wesentlicher als eine solche Einbeziehung der Sozialversicherung in einen so weit gespannten Begriff der Versicherung erscheint die klare Erkenntnis, w o d u r c h   d i e   S o z i a l v e r s i c h e r u n g   s i c h   in ihrer jetzigen Gestalt und größtenteils bereits seit ihrer Entstehung v o n   d e r   I n d i v i d u a l v e r s i c h e r u n g ,   d e r   V e r s o r g u n g u n d   F ü r s o r g e   u n t e r s c h e i d e t ,   und welche Wesensmerkmale uns — wie mir scheint — das Recht geben, von einer gegenüber der Individualversicherung, Versorgung und Fürsorge durchaus e i g e n s t ä n d i g e n   S i c h e r u n g s f o r m ,   eben der   „ S o z i a l v e r s i c h e r u n g " ,   zu sprechen.

1. Während — worauf M a h r (a.a.O., S. 333) hinweist — die Versicherung wesentlich durch ökonomische Zielsetzung, nämlich die wirtschaftliche Sicherung gefährdeter Einzelwirtschaften, beherrscht ist, „also nur um ihres eigenen Zwecks willen gesucht und geboten wird", verfolgt die Sozialversicherung darüber hinaus und sogar in erster Linie s o z i a l p o l i t i s c h e   Z w e c k e ;   sie ist insoweit ein Teilgebiet der Sozialpolitik[11]. In diesem Sinne war schon in der Kaiserlichen Botschaft von 1881 ausdrücklich die „Heilung sozialer Schäden" auf dem Wege der

positiven Förderung des Wohles der Arbeiter als Ziel der neuen Gesetzgebung bezeichnet. Das ist dem Wesen nach eine ganz andere Aufgabe, als sie der privaten Versicherungswirtschaft gesetzt ist, — wenn gleich nicht verkannt werden soll, daß auch der Privatversicherung, insbesondere der Kranken- und Lebensversicherung, großes sozialpolitisches Gewicht beizumessen ist, und daß auch in der Privatversicherung gelegentlich Ansätze für einen sozialen Ausgleich zu finden sind, — so wenn bei einigen Versicherungszweigen das Prinzip der mathematisch-gerechten Prämie aus sozialen Gründen in gewissen Grenzen durchbrochen ist[12]. — Während aber in der Individualversicherung diese Formen sozialen Ausgleichs nicht wesentlich, ja sogar als Ausnahmeregelungen anzusprechen sind, liegt es gerade im Wesen der Sozialversicherung, daß sie n e b e n d e m auch der Privatversicherung eigenen, oben näher beschriebenen R i s i k o a u s g l e i c h (mit seinen dem Risiko grundsätzlich entsprechenden „mathematisch-gerechten Prämien") den s o z i a l e n A u s g l e i c h innerhalb der Versichertengemeinschaft (mit nach sozialen Gesichtspunkten gestaffelten Beiträgen und Leistungen) kennt und dadurch erst ihre wesentliche Gestalt erhält.

Es ist schon oben näher dargelegt, daß die Mittel der Privatversicherung grundsätzlich durch spezielle Prämien aufgebracht werden, also durch Beiträge, die nach besonderen „Gefahrenklassen" entsprechend dem Risiko der Versichertengruppe abgestuft sind. Demgegenüber werden in der Sozialversicherung — mit Ausnahme der Unfallversicherung, die aber in der Rechtsform einer Haftpflichtversicherung der Unternehmer eine Sonderstellung einnimmt — „g e n e r e l l e P r ä m i e n" gezahlt; das wird deutlich, wenn wir z. B. bedenken, daß in der gesetzlichen Krankenversicherung die Beiträge nicht nach dem Lebensalter der Versicherten bei Eintritt in die Versicherung gestaffelt sind, obgleich doch erfahrungsgemäß die Krankheitshäufigkeit und mithin das Risiko bei höherem Alter zunimmt.

Der ausgleichende Charakter der generellen Prämien wird aber in der Sozialversicherung noch wesentlich verstärkt dadurch, daß für die Prämienbemessung weitgehend nicht nur von der Berücksichtigung des besonderen Risikos des einzelnen und einzelner Versichertengruppen abgesehen, sondern ein völlig neues Prinzip für die Verteilung der Beitragslast eingeführt wird: die Höhe der Beiträge richtet sich nach der

---

[11] Vgl. dazu auch *Rittig*, Sozialversicherung und Sozialpolitik in „Gegenwartsfragen sozialer Versicherung", S. 97 ff.

[12] *Möller*, Gegenwartsfragen, S. 76, weist mit Recht darauf hin, daß in der privaten Krankenversicherung nach manchen Tarifen ein Junggeselle relativ zuviel im Vergleich zu einer kinderreichen Familie an Prämien entrichtet; auch in der Kraftfahrerversicherung sei der Einheitstarif unter gewissen sozialen Gesichtspunkten aufgestellt: Kleinwagenbesitzer sind in beschränktem Umfang begünstigt; schließlich haben auch Gruppenversicherungen mit Durchschnittsprämien eine Nivellierungstendenz.

Leistungsfähigkeit des einzelnen Versicherten, nämlich nach der Höhe seines Arbeitsentgelts, ohne daß diesen höheren Beiträgen immer entsprechend höhere Leistungen gegenüberstehen. Das wird wiederum besonders deutlich in der Krankenversicherung, in der zwar das Krankengeld in einem mittelbaren Verhältnis zur Beitragsleistung steht, aber alle anderen wichtigen Leistungen, insbesondere die gesamte, auch ihrer Art nach gar nicht teilbare und kaum differenzierbare Krankenpflege allen Versicherten einheitlich gewährt wird[13]. Ein typisches Merkmal der Sozialversicherung ist also die Berücksichtigung der sozialen Lage der Versicherten, und zwar sowohl bei den Beiträgen als auch weitgehend bei den Leistungen. — Dieser versicherungsfremde, um nicht zu sagen, versicherungsfeindliche Gedanke einer einheitlichen Leistung (Krankenpflege) bei nach dem Arbeitsentgelt gestaffelten Beiträgen ist auch in der Rentenversicherung festzustellen, in der feste Rentenbestandteile ohne Rücksicht auf die Höhe der Beiträge gewährt werden und die Beiträge der Versicherten mit höherem Arbeitsentgelt auch dazu dienen, um die Leistungen an Versicherte mit weniger hohen Beiträgen zu finanzieren (so bei Heilverfahren).

Diese Form des sozialen Ausgleichs innerhalb der Versichertengemeinschaft wird noch ganz wesentlich verstärkt durch die beitragsfreie Familienversicherung, insbesondere die Gewährung von Krankenpflege an Familienangehörige und die Leistung von Hinterbliebenenrenten ohne Rücksicht auf die Zahl der berechtigten Hinterbliebenen. Auch in diesen Fällen ist der Versicherungsgedanke insofern nicht verlassen, als eine gemeinsame Deckung des schätzbaren Bedarfs an Versicherungsleistungen „durch Verteilung auf eine organisierte Vielheit" (vgl. Manes oben) vorgenommen wird. Aber diese Verteilungsprinzipien sind in der Sozialversicherung entscheidend bestimmt durch den Gedanken, daß innerhalb der Gefahrengemeinschaft der wirtschaftlich Stärkere (mit höherem Einkommen) für den wirtschaftlich Schwächeren einzutreten hat.

2. Dieser Zusammenschluß der Versicherten zu einer sozialen Gefahrengemeinschaft bedarf zu seiner Verwirklichung der Rechtsform des Versicherungszwanges; denn anderenfalls könnte — wie schon bei „generellen Beiträgen" — infolge Abwanderung der günstigen Risiken ein sozialer Ausgleich nicht erfolgen[14]. Wenn auch dieser Zwangscharakter der Sozialversicherung gerade im Laufe der jüngeren Entwicklung durch ein immer stärkeres Hervortreten der freiwillig Ver-

---

[13] Über „Ärztliche Hilfe als Versicherungsleistung" vgl. *Bogs*, Sozialer Fortschritt, 1954, S. 13.
[14] Vgl. dazu auch Ludwig *Arps*, „Das Umlageverfahren hat versagt" in „Frankfurter Allgemeine Zeitung" v. 16. 1. 1954.

sicherten abgeschwächt sein mag, so kann doch auf ihn in der Sozialversicherung nicht verzichtet werden, und es ist daher diese Zwangsform sozialer Sicherung für die Sozialversicherung als wesentlich zu betrachten. Der Versicherungszwang bedeutet nun aber notwendig eine M i n - d e r u n g d e s P r i n z i p s d e r S e l b s t h i l f e. Mag auch der Versicherte die Mittel für seine Sicherung weitgehend selbst aufbringen, der Entschluß dazu geht nicht von ihm aus, wenn der Staat diese Eigensicherung zwangsweise durchführt. Nicht die freie Initiative desjenigen, der für seine Sicherung eine geeignete Form sucht, sondern die vorsorgende Hand des Staates veranlaßt und zwingt sogar den Versicherten, einen guten Teil seines Arbeitsentgeltes für künftige Sicherung zu verwenden.

3. Der zwangsweise Zusammenschluß der Versicherten bringt eine weitere sozialpolitische Wirkung mit sich. Durch ihn werden nicht nur sozial gleichgestellte Personen in eine Gemeinschaft zusammengeführt, sondern auch andere von ihr ausgeschlossen. Die B e s c h r ä n k u n g d e s K r e i s e s d e r V e r s i c h e r t e n führt also dazu, daß sonstige Personen außerhalb der betreffenden s o z i a l e n G r u p p e nicht an dem sozialen Ausgleich teilhaben, aber auch nicht zu ihm beitragen; sie werden also finanziell geringer belastet. Der Verzicht auf die Heranziehung dieser Personen zum sozialen Ausgleich und die Belastung der Mehrverdienenden innerhalb der Versichertengemeinschaft zugunsten der Bezieher geringerer Einkommen ist doch wohl nur begründet, wenn dieser Ausgleich wirklich innerhalb einer Gemeinschaft erfolgt, bei der die Zusammengehörigkeit noch ein solches Eintreten füreinander rechtfertigt. Der von Achinger („Soziale Sicherheit", 1953, S. 61 ff.) als z w e i t e E i n k o m m e n s v e r t e i l u n g beschriebene soziale Ausgleich innerhalb der Versichertengemeinschaft („Haftungsgemeinschaft") erscheint nur innerhalb solcher Gemeinschaft begründet. Zwar kann bei der heutigen wirtschaftlichen Lage der Arbeitnehmer nicht mehr schlechthin davon gesprochen werden, daß die Sozialversicherung einen Zusammenschluß der Armen gegen die Armut darstelle — so Myrdal „Nation and Family" nach Achinger a.a.O., S. 54/55 —, aber immerhin bedeutet sie, daß d i e S i c h e r u n g s b e d ü r f n i s s e d e r V e r - s i c h e r t e n m i t g e r i n g e m E i n k o m m e n v o n d e n V e r - s i c h e r t e n m i t h ö h e r e m E i n k o m m e n , n i c h t v o n d e r A l l g e m e i n h e i t b e f r i e d i g t w e r d e n.

4. Zu der geschilderten, der Sozialversicherung eigentümlichen Form des sozialen Ausgleichs, insbesondere der Bemessung der Beiträge nach sozialen Gesichtspunkten, kommt als weitere Besonderheit der Sozialversicherung die Hilfe von dritter Seite hinzu, insbesondere der Z u - s c h u ß d e s S t a a t e s. Auf den Arbeitgeberbeitrag soll hier nicht entscheidender Wert gelegt werden, weil er bei einigen wichtigen For-

men der Sozialversicherung — nämlich bei der Versicherung der Selb-
ständigen und in der freiwilligen Versicherung — fehlt und im übrigen
vielfach die hier nicht näher nachzuprüfende Auffassung vertreten wird,
daß der Arbeitgeberanteil nur die Abführung eines Lohnanteiles an den
Versicherungsträger darstelle (vgl. dazu Bogs in „Gegenwartsfragen",
a.a.O., S. 154). — Sicherlich ist aber die Finanzierung der Leistungen der
Sozialversicherung durch Zuschüsse des Staates ein wesentliches Charakteristikum der Sozialversicherung, das ihr — in der Invalidenversicherung — von Anbeginn eigen war. Mit Recht weist wiederum Möller
darauf hin, daß auch in der Privatversicherung staatliche Hilfe in Betracht komme (so bei der Export-Kredit-Versicherung), aber es handelt
sich hier um ganz seltene Ausnahmen, während in der Sozialversicherung die Finanzierung der Leistungen auch durch die öffentliche Hand
im Laufe der Entwicklung zugenommen hat und als typisch anzusehen ist. Damit ist der oben beschriebene Gedanke eines sozialen
Ausgleichs innerhalb der Versichertengemeinschaft, d. h. innerhalb eines
beschränkten Haftungsverbandes, nur noch mit Einschränkungen verwirklicht, und die soziale Sicherung durch Sozialversicherung erscheint
als eine wesentlich durch Mitwirkung des Staates ergänzte Form der
Selbsthilfe.

So erkennen wir: Die V e r b i n d u n g v o n v e r s i c h e r u n g s -
m ä ß i g e r S e l b s t h i l f e (durch Risikoausgleich) und von s o -
z i a l e m A u s g l e i c h innerhalb der gesetzlich begrenzten Versichertengemeinschaft sowie zusätzliche S t a a t s h i l f e bilden den wesentlichen Kern der deutschen Sozialversicherung seit Bismarcks Zeiten.
Es ist also nicht richtig, die Sozialversicherung — wie es bisher meist
geschieht — einer der üblicherweise unterschiedenen Sicherungsformen
— Versicherung, Versorgung, Fürsorge — zuzuordnen, d i e S o z i a l -
v e r s i c h e r u n g i s t v i e l m e h r a l s e i n e v o n V e r s i c h e -
r u n g , V e r s o r g u n g u n d F ü r s o r g e w e s e n t l i c h v e r -
s c h i e d e n e e i g e n e R e c h t s f o r m s o z i a l e r S i c h e r u n g
z u b e t r a c h t e n .

III. S o z i a l - e t h i s c h e P r i n z i p i e n d e r V e r s i c h e - r u n g , V e r s o r g u n g u n d F ü r s o r g e

Für die Beantwortung der Frage, ob die Reform des geltenden Rechts
über die soziale Sicherheit unter Beibehaltung der Unterscheidung von
Versicherung, Versorgung und Fürsorge verwirklicht werden kann,
kommt es darauf an, die hinter diesen Formen stehenden sozialen, wirtschaftlichen und politischen Ziele zu erkennen. Um dieser Ziele willen
sollen jene Formen — wie es vielfach vorgeschlagen wird — beibehalten
werden. Es ist daher nach dem wertbezogenen Sinngehalt dieser Gestaltungen zu forschen, und es ist vor allem zu klären, welche sozial-

ethischen Erwägungen die Beibehaltung dieser überkommenen Rechtsformen rechtfertigen könnten.

1. Die soziale Sicherheit wäre sicherlich am besten gewährleistet, wenn es dem einzelnen möglich wäre, durch eigene, frei gewählte Maßnahmen für die Wechselfälle des Lebens vorzusorgen. Solche i n d i v i d u e l l e S e l b s t h i l f e kann sowohl durch S p a r e n und ganz allgemein durch E i g e n t u m s b i l d u n g jeder Art, z. B. durch Wohnungsbau gefördert werden. Läßt sich eine Selbsthilfe in dieser Weise in hinreichendem Umfange ermöglichen, so bedarf es zusätzlicher sozialer Leistungen nur in Ausnahmefällen. Es sollte aber nicht übersehen werden, wie schwer es auch für gut verdienende Arbeitnehmer und auch für viele „Selbständige" ist, die für eine solche Individualsicherung erforderlichen hohen Sparsummen aufzubringen und zu erhalten.

2. Die V e r s i c h e r u n g stellt gegenüber einer solchen Eigensicherung schon eine abgeschwächte Form der Selbsthilfe dar, sie ist g e m e i n s c h a f t l i c h e u n d d a m i t g e b u n d e n e S e l b s t h i l f e. Für die Versicherung ist wesentlich, daß der einzelne zur Erreichung seiner wirtschaftlichen Ziele eines Zusammenschlusses bedarf, und daß er, indem er diese Gemeinschaft fördert, zugleich auch seine eigene Sicherung erreicht. Die Ziele des Versicherten und der Versichertengemeinschaft decken sich zwar nicht ganz, aber bei dem Streben, sein eigenes Ziel zu erreichen, ist eine Methode gewählt, bei der der einzelne gleichzeitig zum Nutzen vieler beiträgt. Die Versicherung als gemeinschaftliche Selbsthilfe stellt also eine Verfeinerung des egoistischen wirtschaftlichen Strebens dar, bei der im Sinne der Idee eines echten Liberalismus das wirtschaftliche Ziel des einzelnen und das der Gesamtheit harmonieren. Es sei allerdings schon hier darauf hingewiesen, daß die Versicherung eben durch diesen Zusammenschluß vieler bereits dazu beigetragen hat und dazu beiträgt, die individuelle Selbsthilfe durch Sparen und Eigentumsbildung zu beeinträchtigen, und daß in diesem Zusammenschluß schon die Wurzel für kollektivistische Entwicklungen gelegt ist, wenn der Umfang und die Bedeutung des Zusammenschlusses ein optimales Maß übersteigen. So stellt die Versicherung — und zwar auch die Privatversicherung — gleichzeitig einen Höhepunkt und eine Überwindung liberalistischen Denkens dar.

3. Der Gedanke der Selbhilfe und der gemeinschaftlichen Selbsthilfe ist bei den S o n d e r v e r s o r g u n g e n (s. oben S. 19) noch nicht völlig aufgegeben. Bei diesen könnte eine Art „Beitrag" des einzelnen zur Versorgung als in der Vergangenheit erbracht angesehen werden, indem nämlich der einzelne für die Gesamtheit, den Staat, ein Gut hat aufopfern müssen. Das zeigt sich am deutlichsten in der Kriegsopferversorgung. In diesen Fällen stellt die spätere Versorgung die Abgel-

tung eines allerdings nur ethisch begründeten „A u f o p f e r u n g s -
a n s p r u c h s" dar. Wenn auch nicht jeder Sonderversorgung dieser
Sinn innewohnt, so kann doch im Regelfall davon gesprochen werden.

Dagegen stellt die S t a a t s b ü r g e r v e r s o r g u n g nicht darauf
ab, ob der Versorgte durch frühere Selbsthilfe (Beitragsleistung) oder
frühere Aufopferung eines Gutes zu seiner Sicherung oder zu der des
Staates beigetragen hat. Die Staatsbürgerversorgung findet ihren ethischen Sinn gerade darin, daß bei Unmöglichkeit einer Einzelsicherung
unter Verzicht auf eine nur fiktive Selbsthilfe die Gesamtheit der Staatsbürger die Garante für einen Mindeststandard sozialer Sicherheit übernimmt. Daher ist das wesentliche Merkmal der Staatsbürgerversorgung
die Aufgabe des Subsidaritätsprinzips, nach dem der einzelne vor der
Inanspruchnahme einer umfassenderen Gruppe die kleinere Gemeinschaft angehen muß. Die Staatsbürgerversorgung appelliert also an das
Zusammengehörigkeitsgefühl aller Staatsbürger.

4. Die sozial-ethische Deutung der S o z i a l v e r s i c h e r u n g beruht
im wesentlichen auf anderen als den bisher geschilderten Prinzipien.
Zwar sind gewichtige Ansätze sowohl zu einer Selbsthilfe als auch zur
Staatshilfe zu verzeichnen[15] — erstere etwa beim Zusammenhang von
Leistung und Beitrag, letztere bei den Staatszuschüssen in der Rentenversicherung —, das hier zugrunde liegende sozial-ethische Prinzip stellt
aber in seinem Kern etwas anderes dar. Es handelt sich bei der Sozialversicherung im Prinzip um einen g e n o s s e n s c h a f t l i c h e n A u s -
g l e i c h i n n e r h a l b e i n e r s o z i a l e n G r u p p e. Die Sozialversicherung appelliert an das Zusammengehörigkeitsgefühl der Gruppen-
mitglieder, an ihre S o l i d a r i t ä t. Der Gedanke der Selbsthilfe tritt
demgegenüber in der Sozialversicherung etwas zurück; denn die Sozialversicherung geht — insbesondere in der Krankenversicherung — davon
aus, daß die höher Verdienenden innerhalb einer Gruppe zur Sicherung
der Minderverdienenden beitragen müssen, ohne damit rechnen zu
können, daß ihre Beiträge ihnen in e n t s p r e c h e n d e m Ausmaß in
Notfällen zugute kommen. Die mit der Bemessung der Beiträge in
Prozenten des Arbeitsentgelts und mit der Gestaltung auch der Leistungen nach sozialen Gesichtspunken verbundene E i n k o m m e n s -
u m s c h i c h t u n g läßt eine Rechnung derart, daß der einzelne im
Notfall Leistungen entsprechend den Beiträgen erhält, die er eingezahlt
hat, von vornherein nicht zu. Es handelt sich demnach bei der Sozialversicherung nicht nur — jedenfalls nicht allein — um eine Form

---

[15] Die Beteiligung des Reichs bei der Aufbringung der Mittel für die
Sozialversicherung erschien Bismarck als ein geeignetes Mittel, einer
staatsfeindlichen Einstellung der Arbeiter entgegenzuwirken, vgl. Hans
Rothfels, „Theodor Lehmann und die Kampfjahre der staatlichen Sozialpolitik (1871—1905)", Berlin 1927, S. 51 ff.

der Eigenhilfe, sondern wesentlich auch um eine Form der H i l f e d e r   s o z i a l   s t ä r k e r e n   M i t g l i e d e r   e i n e r   G r u p p e f ü r   d i e   s o z i a l   s c h w ä c h e r e n. Die Sozialversicherung stellt daher an das sozialethische Verhalten des einzelnen höhere Anforderungen als die Individualversicherung. Von dem einzelnen wird nicht nur verlangt, daß er für sich selbst sorgt und damit zugleich zum Nutzen aller beiträgt, sondern es wird auch von ihm verlangt, daß er bei höherem Einkommen auf einen Teil seiner Einkünfte zugunsten anderer verzichtet. Erst im Rahmen dieser genossenschaftlichen sozialen Hilfe innerhalb der Versichertengruppe kommen sowohl die Prinzipien der Selbsthilfe wie der Staatshilfe zur Geltung.

5. Mit der Selbsthilfe wird vielfach die Forderung nach S e l b s t - v e r a n t w o r t u n g der Versicherten in Verbindung gebracht. Selbstverantwortung ist die andere Seite der wirtschaftlichen Freiheit. Wer die Freiheit nutzen darf, übernimmt damit die Verantwortung für sein Handeln. Demnach ist die Selbstverantwortung für wirtschaftliche Sicherung vom Umfang der wirtschaftlichen Betätigungsfreiheit abhängig. Für die Sozialversicherung wäre zu fragen, in welchem Umfang der wirtschaftlich oft schwache und persönlich abhängige Arbeitnehmer eine solche Freiheit besitzt. Offenbar hat der Gesetzgeber das Ausmaß dieser Freiheit nicht hoch veranschlagt, er hat jedenfalls durch den Versicherungszwang die Möglichkeit zur Selbstvorsorge stark eingeschränkt, indem er einen nicht geringen Teil des Arbeitsentgelts durch die Pflicht zur Beitragszahlung der freien Verfügung entzieht. Der Versicherungszwang geht gerade davon aus, daß eine zur Selbstsicherung hinreichende wirtschaftliche Betätigungsfreiheit des Arbeitnehmers nicht besteht, daß vielmehr von Staats wegen für seine Sicherung gesorgt werden muß. Der V e r s i c h e r u n g s z w a n g   s t e l l t a l s o   e i n e n   w e i t g e h e n d e n   V e r z i c h t   a u f   d i e   S e l b s t - v e r a n t w o r t u n g   d a r. Soweit in der Sozialversicherung überhaupt die Frage nach Selbstverantwortung erhoben wird, kann sich ihre Verwirklichung nur in dem verhältnismäßig engen Rahmen halten, der ihr durch den Versicherungszwang gesetzt ist, — also vor allem bei der freiwilligen Versicherung und auch bei dem Streben nach Schutz vor ungerechtfertigter Ausnutzung der Versicherung.

Sicherlich ist bei Durchführung der Sozialversicherung das Bestreben begründet, die ungerechtfertigte Ausnutzung der Versicherungseinrichtungen einzudämmen und Hemmnisse dagegen einzubauen. Dieser Art „Selbstverantwortung" bedarf es aber — wie in jüngster Zeit besonders das englische Beispiel zeigt — bei jeder Form sozialer Sicherung, so daß in diesem Sinne gesagt werden kann, daß diese Selbstverantwortung nicht von einer bestimmten Form der Sicherung, etwa der Versicherung, abhängig ist. Sie zu wecken, ist sowohl in der Versicherung wie in einem Versorgungssystem und auch in der Sozialversicherung möglich und gleichermaßen notwendig.

In der Sozialversicherung wird mit „Selbstverantwortung" der Versicherten noch eine andere Vorstellung verbunden. Oft ist damit eine Rücksichtnahme auf den Gesamtbestand der Versicherung gemeint. Selbstverantwortung im Sinne einer Verantwortung des einzelnen für sich selbst genügt in der Sozialversicherung durchaus nicht; denn hier steht die Verantwortung der Versicherten für eine gesamte soziale Gruppe im Vordergrund. Sie verlangt eine Rücksichtnahme, die über das eigene Interesse hinausgeht. Sie deckt sich mit dem Begriff „Solidarität", nicht mit dem der individuellen Eigenverantwortung.

Z w e i t e r T e i l

Die Sozialversicherung in der Rechtswirklichkeit

Die im ersten Teil dargelegten Unterscheidungen von Versicherung, Versorgung und Fürsorge sowie das Bemühen, eine davon unterschiedene, e i g e n s t ä n d i g e S i c h e r u n g s f o r m d e r S o z i a l v e r s i c h e r u n g zu entwickeln, suchten ein Idealbild der Sicherungsformen abzuleiten. Dabei war im wesentlichen die Struktur der Sozialversicherung zugrunde gelegt, wie sie etwa in ·den ersten Jahrzehnten des Bestehens der Sozialversicherung gegeben war und wie sie sich unter dem Begriff „k l a s s i s c h e S o z i a l v e r s i c h e r u n g" erhalten hat. Es ist hervorgehoben worden, daß sich bereits d i e s e k l a s s i s c h e S o z i a l v e r s i c h e r u n g w e s e n t l i c h v o n e i n e r V e r s i c h e r u n g u n t e r s c h i e d und daß sie vornehmlich durch drei Merkmale — den sozialen Ausgleich nach Familienstand und Einkommen, die zwangsweise Bildung von Gefahrengemeinschaften sozialer Gruppen sowie die Staatshilfe — eine eigene Gestaltung aufwies. Auch die klassische Sozialversicherung war schon zur Zeit ihrer Entstehung zwischen 1880 und 1890 keine Versicherung im herkömmlichen Sinne. Sie kannte — wie näher dargelegt — durchaus versicherungsfremde, ja versicherungsfeindliche Züge, insbesondere war die Hilfe des Staates und damit die Einmischung des Staates in vordem private Verhältnisse beträchtlich.

Aber auch die klassische Sozialversicherung in der hier geschilderten Form hat sich nicht unverändert bis in die Gegenwart hinein erhalten. Inzwischen hat sich nämlich eine Strukturänderung vollzogen, welche die Sozialversicherung vielfach noch weiter vom Versicherungsprinzip entfernte und einerseits die eigenständigen Züge der Sozialversicherung klarer hervortreten ließ, andererseits aber auch eine Annäherung an das Versorgungsprinzip mit sich brachte. Diese Entwicklung der Sozialversicherung soll im folgenden näher an charakteristischen Erscheinungsformen untersucht werden. Dabei muß die Stellung der Sozialversicherung im Gesamtsystem der sozialen Sicherung betrachtet werden, da infolge der Interdependenz der sozialpolitischen Maßnahmen nicht nur die Sozialversicherung auf andere Sicherungsformen einwirkt, sondern sie selbst und ihre Wirksamkeit auch durch jene beeinflußt wird. Dieser Zusammenhang aller sozialen öffentlichen Leistungen wird gesondert im zweiten Abschnitt dieses Teils behandelt werden, während der erste Abschnitt den Veränderungen der klassischen Sozialversicherung im Hinblick auf die Prinzipien der Versicherung, Versorgung und Fürsorge gewidmet ist.

Erster Abschnitt

Die Entwicklungstendenzen der Sozialversicherung und die Prinzipien der Versicherung, Versorgung und Fürsorge

I. Exogene Strukturänderungen der Sozialversicherung (infolge ihrer Berührung und ihres Zusammenhangs mit anderen Sicherungsformen).

Die Schöpfer der klassischen Sozialversicherung gingen davon aus, daß die Sozialversicherung — abgesehen von der Armenpflege — die wohl einzige öffentlich-rechtliche Einrichtung zur Verhütung sozialer — durch Krankheit, Unfall, Invalidität, Alter oder Tod verursachter — Notstände war und gemäß dem damals herrschenden Liberalismus auch bleiben sollte. Dem entsprach es, daß Notstände, die sozusagen wider die wirtschaftlichen Gesetze auftraten, als persönliche Schuld (Leichtsinn, Faulheit usw.) angerechnet wurden und eine dennoch gewährte öffentliche Hilfe diskriminierende Folgen hatte.

Daraus ist es zu erklären, daß Empfänger von Leistungen der Armenpflege das Wahlrecht und die Fähigkeit zur Bekleidung öffentlicher Ämter verloren und sich laufend Kontrollen ihrer Notlage gefallen lassen mußten, daß weiter auch bei Vorliegen echter Not die Leistungen nur vorschußweise und ohne Rechtsanspruch gewährt wurden. Noch der Gesetzgeber der RVO (1911) hielten es für notwendig, die Sozialversicherung von dieser Art der Armenpflege zu distanzieren, indem er in § 118 RVO ausdrücklich festlegte, daß Leistungen der Sozialversicherung keine öffentlichen Armenunterstützungen sind. Es erhellt, daß die Wandlung von der Armenpflege zur heutigen Fürsorge auch eine Veränderung der Stellung der Sozialversicherung im Gesamtsystem der sozialen Sicherheit mit sich bringen mußte. Das gleiche gilt erst recht für die erst neuerdings einen größeren Umfang einnehmenden Sonderversorgungen, die zur Zeit der Schaffung der Sozialversicherung nicht bestanden oder fast keine Bedeutung hatten.

A. Der Einfluß der Fürsorge auf die Sozialversicherung

Die Fürsorge unterscheidet sich in ihrer heutigen rechtlichen Gestaltung und in ihrer sozialpolitischen Wirksamkeit von der früheren

Armenpflege sicherlich in stärkerem Maße als nunmehr die Sozialversicherung von der Fürsorge.

1. In der rechtlichen Gestaltung haben zwei entgegengesetzte Entwicklungen zu einer Annäherung von Fürsorge einerseits, Sozialversicherung und Versorgung andererseits geführt.

a) Die rechtliche Stellung der Fürsorgeempfänger ist gestärkt worden. So sind insbesondere die mit dem Empfang der Armenpflege verbundenen Diskriminierungen (Verlust des Wahlrechts) weggefallen; auch die Rückzahlung von Leistungen kann in vielen Fällen nicht mehr gefordert werden (vgl. Art. VI des Gesetzes über die Änderung und Ergänzung fürsorgerechtlicher Bestimmungen vom 20. 8. 1953, RGBl. I S. 967). Die wichtigste Änderung des Fürsorgerechts aber besteht in der Zuerkennung eines klagbaren Rechtsanspruchs auf Fürsorgeleistungen. Gestützt auf Art. 1, Art. 2 Abs. 2 Bonner Grundges. (Recht auf Leben), Art. 20 Abs. 1 u. Art. 28 Abs. 1 BGG (sozialer Rechtsstaat) und auf Bestimmungen verschiedener Länderverfassungen hat sich die Rechtsprechung, insbesondere die der Oberverwaltungsgerichte[1], und teilweise auch die Lehre in der Zeit seit etwa 1949 weitgehend dazu bekannt, daß jedem Staatsbürger ein klagbares Recht auf Fürsorge zukommt (vgl. dazu die zusammenfassende Übersicht von Müller in „Recht der Arbeit", 1952, S. 130). Allerdings ist dieser Rechtsanspruch an die Voraussetzung der Hilfsbedürftigkeit des Empfängers gebunden; nimmt man an, daß die „Hilfsbedürftigkeit" ein unbestimmter Rechtsbegriff ist, der der Verwaltung keine Ermessensfreiheit einräumt, so wäre auch die wirtschaftliche Lage des Fürsorgeempfängers als Voraussetzung seines Anspruchs einer gerichtlichen Nachprüfung zu unterziehen (anders Müller, a.a.O., S. 133).

Damit ist die Abkehr des Fürsorgerechts von den Grundsätzen der Armenfürsorge vollzogen. Die Fürsorgeleistung bedeutet nicht mehr eine freiwillige und mildtätige Gabe der öffentlichen Hand, sondern die Erfüllung einer öffentlich-rechtlichen Verpflichtung.

b) Diese „Aufbesserung" der Fürsorge trägt zu einer A n n ä h e r u n g d e r F ü r s o r g e a n d i e S o z i a l v e r s i c h e r u n g u n d a n d i e V e r s o r g u n g bei. Andererseits bedienen sich Sozialversicherung und Versorgung mehr und mehr Rechtsformen, die denen der Fürsorge ähneln. Ihr verstärktes Auftreten läßt die früher klare Unterscheidung von Versicherung und Versorgung einerseits und Fürsorge andererseits je nach dem Vorhandensein oder Fehlen eines Rechtsanspruchs fragwürdig erscheinen. Nach früherer Ansicht soll auf die Leistungen der Sozialversicherung und der Versorgung ein Rechtsanspruch bestehen, der den Versicherten und Versorgten eine „Garantie" für diese Leistun-

---

[1] Jetzt auch des Bundesverwaltungsgerichts, Urteil v. 24. 6. 1954, Deutsches Verwaltungsbl. 1954 S. 704.

gen gibt. Die Finanzlage der Sozialversicherung und des Staates einerseits und die wirtschaftliche Lage der Versicherten und Versorgten andererseits haben jedoch dazu geführt, daß diese Rechtsansprüche trotz formalen Fortbestehens durch Regelungen anderer Art nicht selten eingeengt worden sind und in ihrem Inhalt ausgehöhlt wurden.

aa) Sowohl in der Sozialversicherung wie in der Versorgung waren bereits frühzeitig Regelungen vorgesehen für den Fall, daß Rechtsansprüche in einer Person zusammentreffen. Wenn dem Versicherten oder Versorgten auf Grund eines Versicherungsfalles g l e i c h e L e i s t u n g e n a u s v e r s c h i e d e n e n V e r s i c h e r u n g s z w e i g e n o d e r a u s V e r s i c h e r u n g u n d V e r s o r g u n g zustehen, so werden diese Leistungen vielfach nicht in voller Höhe gewährt, sondern eine von beiden wird gekürzt oder in Höhe eines bestimmten Teiles zum Ruhen gebracht. Diese A n r e c h n u n g s b e s t i m m u n g e n , von denen im gegenwärtigen Recht eine sehr große Zahl vorhanden ist (z. B. §§ 1274 ff. RVO; vgl. Tabelle I), stellen in ihrer Auswirkung eine Art gemilderter Bedürftigkeitsprüfung dar. Sie bewirken nämlich, daß die Gesamthöhe des Einkommens aus Sozialversicherung oder Versorgung geringer ist, als bei einem Rechtsanspruch aus einer echten Versicherung erwartet werden müßte, und daß somit die wirtschaftliche Lage des Empfängers, soweit sie auf Einkünften aus Sozialversicherung oder Versorgung beruht, auch bei der Gewährung von Versicherungs- und Versorgungsleistungen berücksichtigt wird.

bb) Eine weitere Stufe auf dem Weg zur Annäherung an den Fürsorgeanspruch stellt die A n r e c h n u n g v o n E i n k o m m e n dar, das nicht aus öffentlichen Mitteln stammt. So werden etwa in der Arbeitslosenfürsorge und bei der Ausgleichsrente nach dem Bundesversorgungsgesetz Einkünfte aus abhängiger oder selbständiger Arbeit, die eine gewisse Grenze überschreiten, angerechnet (vgl. Tabelle I, Spalte 04). Diese Anrechnungen führen dazu, daß der Leistungsberechtigte vor dem Versicherungsträger oder der Behörde sein Einkommen offenlegen muß; sie stellen daher eine Art g e n e r e l l e r B e d ü r f t i g k e i t s - p r ü f u n g dar, die sich jedoch im allgemeinen nur auf das tatsächlich erzielte Einkommen — nicht auf die Möglichkeit, Einkommen zu erlangen — beschränkt und auch ein Zurückgreifen auf etwa vorhandenes Vermögen grundsätzlich nicht verlangt.

cc) Außer durch Anrechnungsbestimmungen sind die Leistungsansprüche in Versicherung und Versorgung auch noch durch die sogenannten „K a n n l e i s t u n g e n" an die Fürsorge angeglichen (vgl. z. B. die Gewährung von Krankenhauspflege in der sozialen Krankenversicherung oder von Ausbildungsbeihilfen nach dem Bundesversorgungsgesetz oder dem Lastenausgleichsgesetz).

dd) Schließlich sind auch in der Sozialversicherung und Versorgung in einigen wenigen Ausnahmefällen Leistungen an das Vorliegen der Bedürftigkeit des Leistungsempfängers gebunden. Diese Bedürftigkeit wird in ähnlicher Weise wie im Fürsorgerecht geprüft, ist jedoch von der fürsorgerechtlichen „Hilfsbedürftigkeit" zu unterscheiden (vgl. Dersch „Grundzüge der gesetzlichen Rentenversicherung", 1952, S. 213). Die nur bei Bedürftigkeit gewährten Leistungen der Sozialversicherung sind die Witwerrente der Invalidenversicherung und die Elternrente der Unfallversicherung (§§ 1257, 593 RVO); aus dem Versorgungsrecht sind zu nennen Witwerrente und Elternrente (§§ 43, 50 BVG), vgl. ferner § 64 Abs. 3 BVG.

Treffen mehrere dieser von der Bedürftigkeit des Empfängers abhängigen Leistungen in einer Person zusammen („B e d ü r f t i g - k e i t s k o n k u r r e n z"), so entsteht das Problem, welche dieser Leistungen primär zu gewähren ist; denn da jede Leistung die Bedürftigkeit des Empfängers aufheben würde und jede Leistung nur subsidiär gewährt werden soll, läßt sich die Reihenfolge, in der die Leistungen in Anspruch genommen werden können, nach systematischen Gesichtspunkten kaum entscheiden, zumal auch der Gesetzgeber ausdrückliche Regelungen nicht vorgesehen hat (vgl. dazu Tabelle I und unten S. 82). Bei Konkurrenz dieser Leistungen verschwindet aber der Unterschied von Sozialversicherung, Versorgung und Fürsorge fast völlig.

Eine ähnliche Wirkung tritt ein, wenn eine von der Bedürftigkeit des Empfängers abhängige Leistung zusätzlich zu einer festen Leistung „mit Rechtsanspruch" gewährt wird, wie es etwa bei der Teuerungszulage zu den Renten der Invaliden- und Angestelltenversicherung usw. geschieht (Teuerungszulagengesetz — TZG — vom 25. 6. 1952, RGBl. I S. 354); denn wenn der Versicherte oder Versorgte, um eine Erhöhung seiner Leistungen zu erhalten, seine Bedürftigkeit nachweisen muß, dann ist es für ihn von geringem Wert, wenn er den „unteren" Teil der gesamten Leistung auf Grund eines Rechtsanspruchs erhält. In der praktischen Auswirkung erhält er dann eine für ihn in ihrer Gesamthöhe notwendige Leistung nur auf Grund einer Bedürftigkeitsprüfung. Diese „E r - g ä n z u n g s l e i s t u n g e n" prägen somit ihren rechtlichen Charakter auch der Hauptleistung auf und bestimmen auch deren sozialpolitische Wirkung.

c) In dieser Weise werden heute die R e c h t s a n s p r ü c h e   i n   d e r S o z i a l v e r s i c h e r u n g   u n d   V e r s o r g u n g nicht selten durch Anrechnungen von anderen öffentlichen sozialen Leistungen und sonstigen Einkommen und gelegentlich auch durch Bedürftigkeitsprüfungen e n t w e r t e t. Zwar werden durch diese Regelungen die Rechtsansprüche nicht als solche beseitigt, aber sie erhalten eine mindere Qualifikation, die sie dem Rechtsanspruch auf Fürsorgeleistungen in seiner heutigen

Gestaltung (mit Klagbarkeit) nähert. Alle diese Regelungen bringen als Gemeinsamkeit mit sich, daß die wirtschaftliche Lage des Empfängers mehr oder minder nachgeprüft und in irgendeiner Weise bei der Zuteilung der Leistungen berücksichtigt wird. Sie nehmen in der neueren Gesetzgebung der Sozialversicherung und Versorgung eher zu als ab. Es müssen geradezu zwei entgegengesetzte Richtungen der Entwicklung konstatiert werden: R e c h t s a n s p r ü c h e i n S o z i a l v e r - s i c h e r u n g u n d V e r s o r g u n g w e r d e n n i c h t s e l t e n (durch Anrechnungen) a u f g e l o c k e r t u n d e n t w e r t e t , F ü r - s o r g e a n s p r ü c h e d a g e g e n m e h r u n d m e h r z u R e c h t s - a n s p r ü c h e n v e r f e s t i g t .

2. Infolge dieser r e c h t l i c h e n A n n ä h e r u n g v o n F ü r - s o r g e u n d S o z i a l v e r s i c h e r u n g und infolge mancher Änderung der tatsächlichen Verhältnisse sind die s o z i a l p o l i t i s c h e n W i r k u n g e n der Fürsorge, der Sozialversicherung und der Versorgung heutzutage nicht mehr so sehr unterschiedlich.

a) Das gilt vor allem für die Einwirkung auf die psychologische Haltung des Leistungsempfängers. Die F ü r s o r g e stellt heute nicht nur in ihrer rechtlichen Gestaltung, sondern auch in der tatsächlichen Durchführung keine Armenpflege mehr dar. Die Nachprüfung der Bedürftigkeit geschieht im allgemeinen in großzügiger Weise. Sie verlangt nur noch zum Teil die vorherige Verwertung vorhandenen Vermögens. Vor allem ist die Deklassierung des Fürsorgeempfängers ebenso wie die rechtliche Diskriminierung längst geschwunden. Nachdem in der Zeit nach 1945 auch viele Personen aus Kreisen, die früher als „gut situiert" angesehen wurden, gezwungen waren, die Fürsorge in Anspruch zu nehmen, hat die Scheu, zum „Wohlfahrtsamt" zu gehen, erheblich abgenommen; sie besteht zumindest nicht mehr in dem Maße, daß sie die Inanspruchnahme von Fürsorgeleistungen in beachtlichem Umfange mindert oder gar ausschließt. Hierzu trägt auch das Verhalten der Fürsorgebehörden bei, die — mit Recht — Wert darauf legen, daß ihre Tätigkeit nicht mehr als Armenpflege betrachtet wird.

b) Eine Abschreckung von der Inanspruchnahme von Fürsorgeleistungen findet besonders dann nicht mehr statt, wenn die Fürsorge mit laufenden Geldleistungen zu Hilfe kommt. Hier tritt an die Stelle der Scheu bald eine Gewöhnung an die ständige öffentliche Hilfe ein, die oft ohne Berücksichtigung der individuellen Hilfsmöglichkeiten gewährt wird. Hier wird der T y p d e s „ F ü r s o r g e r e n t n e r s " geschaffen. Die Scheu vor einer Inanspruchnahme der Fürsorge fehlt nämlich vor allem bei der laufenden Unterstützung invalider und alter Personen; diese fürchten nicht mehr und brauchen auch nicht mehr zu fürchten, daß ihnen andere Einkünfte auf die Fürsorgeleistung angerechnet werden, — sie haben keine zu erwarten. Dem Fürsorgeempfänger, der ständig seine Unterstützung vom Wohlfahrtsamt abholt, unter Umständen Jahre hindurch, kommt es nicht mehr zum Bewußtsein, daß er eine mildtätige Beihilfe erhält. Das gilt erst recht, wenn er diese Fürsorgeunterstützung neben einer zum Lebensunterhalt nicht ausreichenden Rente aus der Sozialversicherung bezieht („Ergänzungsleistung", vgl. oben S. 38). In diesen Fällen sieht er mit Recht wirtschaftlich die verschiedenartig zusammengesetzte G e s a m t - l e i s t u n g als einheitliche Gewährung des Lebensunterhaltes an, und für ihn verwischt sich mehr und mehr der Unterschied zwischen den selbstverdienten Sozialversicherungsleistungen oder den Versorgungsleistungen und den Fürsorgeunterstützungen. — Dieser Eindruck wird verstärkt, wenn sich spätere „groß angekündigte" Rentenerhöhungen für diese Personenkreise oft nur dahin auswirken, daß die bisherige Fürsorgeleistung eingespart wird und an ihre Stelle eine Leistung der Versicherung oder Versorgung in gleicher Höhe tritt.

c) In der Bemessung der Höhe der Fürsorgeleistungen ist neuerdings (nach dem Gesetz über die Änderung und Ergänzung fürsorgerechtlicher Bestimmungen vom 20. 8. 1953) eine erhebliche Änderung eingetreten, deren tatsächliche Auswirkungen sich noch nicht absehen lassen. Auch die zur Zeit in Gang befindliche Sozialenquete des Statistischen Bundesamtes wird die Auswirkungen dieser neuen Regelung noch nicht voll erfassen können. Nach diesem Gesetz erhalten hilfsbedürftige Personen im Alter (über 65 Jahre) oder bei schwerer Erwerbsbeschränkung (über $66^2/3 \%$) erhöhte Leistungen. Diese Leistungen liegen 20 % über den Fürsorgerichtsätzen (§ 11 b der Reichsgrundsätze über Voraussetzung, Art und Maß der öffentlichen Fürsorge vom 4. 12. 1924 in der Fassung des o. a. Gesetzes vom 20. 8. 1953, Art. VII). Die Fürsorgerichtsätze werden heute nach Ländern und Ortsklassen verschieden festgesetzt. Nach mündlicher Mitteilung des Sachbearbeiters im Bundesarbeitsministerium betrugen die Richtsätze im Bundesdurchschnitt Mitte 1953 für Alleinstehende in den Stadtkreisen 55,00 DM, in den Landkreisen 51,00 DM; für den Haushaltungsvorstand und seine Ehefrau betrugen die Durchschnittssätze in den Stadtkreisen 86,00 DM und in den Landkreisen 79,00 DM. In einer Großstadt mit niedrigen Lebenshaltungskosten (Wilhelmshaven, Ortsklasse A) ist der Richtsatz für ein Ehepaar auf 90,00 DM festgesetzt; rechnet man die zusätzlich gewährte Miete mit durchschnittlich 25,00 DM hinzu, so erhält das Ehepaar einschließlich des prozentualen Zuschlages 127,00 DM Wohlfahrtsunterstützung. Diese Leistungen für Eheleute liegen z. Z. erheblich über den Durchschnittsrenten der Invalidenversicherung (78,50 DM im Jahre 1952) und überschreiten z. T. auch die Durchschnittsrente der Angestelltenversicherung

(121,00 DM)[2]; ein ähnliches Ergebnis zeitigt ein für Witwenrenten angestellter Vergleich. Auch ist bemerkenswert, daß die Teuerungszulagen nach dem Gesetz vom 25. 6. 1952 (BGBl. I S. 353) zu den Renten der Invalidenversicherung und Angestelltenversicherung erst dann gewährt werden, wenn das Gesamteinkommen (für ein Ehepaar) in Ortsklasse A 135,00 DM, in den Ortsklassen B, C, D 115,00 DM nicht übersteigt. Die Teuerungszulage beträgt dann ganze 3,00 DM für jede Person. Die Leistungen der öffentlichen Fürsorge an alte oder schwererwerbsbeschränkte Personen werden also häufig die Leistungen der Sozialversicherung übertreffen.

Die Zuerkennung der erhöhten Fürsorge bringt es mit sich, daß es für viele Altersrentner aus der Rentenversicherung der Arbeiter und Angestellten g ü n s t i g e r   e r s c h e i n t ,   a u f   d i e   F ü r s o r g e   a l s a u f   d i e   S o z i a l v e r s i c h e r u n g   z u   v e r t r a u e n . Das gleiche empfiehlt sich für fast alle Schwererwerbsbeschränkten, die infolge geringer Beitragszeit meist nicht sehr hohe Renten erreichen. Dazu kommt, daß infolge der Höhe der Freigrenzen für anderweite Einkünfte (Auffanggrenzen) nicht allzu häufig der Fall eintritt, daß anderweites Einkommen die Fürsorgeleistung mindert oder gar völlig wegfallen läßt. Die Auffanggrenzen für ein Ehepaar liegen bei 180,00 DM bis 200,00 DM; sie werden mit 90 % des örtlichen Durchschnittsverdienstes berechnet. Infolge dieser Höhe ergibt sich ein wirtschaftlicher Vorteil aus der rechtlichen Vorzugsstellung eines Rentners der Sozialversicherung oder der Sonderversorgungen, auf dessen Rente bekanntlich kein Arbeitsverdienst angerechnet wird, erst bei Nebeneinkünften in Höhe von mindestens 75,— DM. Diese Regelung wird den Rentner oft zu der Überlegung veranlassen, ob es für ihn nicht günstiger ist, 125,— DM aus der Fürsorge zuzüglich 75,— DM Nebenverdienst aus Gelegenheitsarbeit (gleich 200,— DM) zu beziehen, als bei voller Arbeitsleistung einen vielleicht nur unwesentlich höheren Verdienst zu erhalten.

d) Der Zusammenhang von Sozialversicherung, Sonderversorgung und Fürsorge ist in den letzten Jahren — noch vor Einführung der erhöhten Fürsorgeleistungen — auch unter Mitberücksichtigung anderer Ursachen noch in folgender Beziehung hervorgetreten: Die Ausgaben für die Fürsorge sind in dem gleichen Maße gefallen, wie Sonderversorgungen eingeführt und die Funktionsfähigkeit der Sozialversicherung, zuletzt noch durch das Fremdrentengesetz, wiederhergestellt wurden. Während die Fürsorgeleistungen im Jahre 1949 noch die Höhe von 1236 Millionen erreichten, betrugen sie im Jahre 1952 nur noch

---

[2] Die Angaben über die Durchschnittsrenten sind entnommen der Schrift „Sozialversicherung und Arbeitslosenversicherung in der Bundesrepublik Deutschland", zusammengestellt vom BAM, veröffentl. in der DAG-Schriftenreihe, 1953, Heft 21.

etwa ein Drittel (440 Millionen). Die Staatszuschüsse zur Sozialversicherung und die Ausgaben für Sonderversorgungen sind dagegen — sogar mehr als entsprechend — gestiegen (vgl. Schaubild 15 in „Hauptergebnisse der Arbeits- und Sozialstatistik" 1952, hrsg. vom BAM, Statistik).

3. Die Bedeutung der Ausweitung der Fürsorge.

a) In vielen der unter 2 geschilderten Fälle kommt es für den Empfänger der Leistungen gar nicht so sehr darauf an, ob die Leistung mit oder ohne Rechtsanspruch gegeben wird, als vielmehr auf deren H ö h e. Die höhere Leistung wird im allgemeinen auch die günstigere sein, und erst bei einem Vergleich von zwei gleich hohen Leistungen wird deren rechtliche Qualifikation eine Rolle spielen. Diese Erfahrung ist geeignet, grundsätzlich vor einer Überbewertung der Form vor dem materiellen Inhalt der Leistung zu warnen; denn eine Trennung in die Formen der Versicherung, Versorgung und Fürsorge wird für den Empfänger der Leistung uninteressant, wenn die Leistung mit der rechtlich besten Qualifikation gleichzeitig auch die geringste ist. Das muß auch Folgen für sein Streben nach eigener Vorsorge haben. So wirkt sich die Ausweitung der Fürsorge sozialpolitisch und sozialpsychologisch auf alle Formen der Sicherung mit vorheriger Eigenleistung aus. Sie führt zu einer mittelbaren Einschränkung des Strebens nach Selbsthilfe und des Versicherungsprinzips, indem nämlich dem Versicherten dadurch vor Augen geführt wird, daß eine materielle Sicherung auch gewährleistet ist, wenn er es unterlassen hat, Beiträge zu zahlen.

b) Will man die rechtliche Gestaltung und die sozialpolitische Wirksamkeit der S o z i a l v e r s i c h e r u n g u n d d e r F ü r s o r g e z u - e i n a n d e r i n B e z i e h u n g s e t z e n , so ist es gut, sich von früheren begrifflichen Einordnungen frei zu machen. War die Armenpflege früher eine allerletzte, diskriminierende Auffangstellung vor dem völligen Absinken, so tritt heute die Fürsorge, soweit sie laufend Zahlungen leistet, rechtlich und sozialpolitisch nicht selten gleichrangig neben die Sozialversicherung, überlagert sie und übertrifft sie sogar in der Höhe ihrer Leistungen. Bei einer Gesamtbetrachtung läßt sich dieser Zusammenhang und die Ersetzbarkeit von Fürsorge und Sozialversicherung sowie Versorgung besonders deutlich aus den voneinander abhängigen Entwicklungen der beiderseitigen Ausgaben ersehen (vgl. oben 2 d). Wollte man für die Fürsorge, insbesondere die erhöhten Fürsorgeleistungen, eine vergleichbare Sicherungsform nennen, so müßte man sie nicht bei der früheren Armenpflege, sondern in Richtung auf eine Staatsbürgerversorgung suchen. Sie stellt nach Art und Umfang der Leistungen keine Ausnahme im Rahmen der sozialen Gesamtsicherung dar, sondern deckt, wie die Staatsbürgerversorgung, ohne

Rücksicht auf Ursache und Beitragsleistung den notwendigen Bedarf aller Staatsbürger im Alter und bei Erwerbsunfähigkeit, soweit nicht Sonderformen — also etwa die Sozialversicherung oder die Sonderversorgungen — vorgehen. Wesentlich in diesem letzteren Sinn — nicht mehr so sehr in dem des Vorrangs der privaten Vorsorge und Hilfe — hat sich bei der Fürsorge noch der Gedanke der S u b s i d i a r i t ä t bewahrt: Grundsätzlich besteht immer und in allen Fällen von Not ein Rechtsanspruch auf Hilfe — entweder gegen die Sozialversicherung oder gegen die Sonderversorgung oder schließlich gegen die Fürsorge —. Es muß schon hier darauf hingewiesen werden, daß die sozialpolitische Wirkung der Fürsorge zwei Folgerungen zuläßt: Man kann einerseits darauf hinweisen, daß unser gegenwärtiges System von Versicherung, Versorgung und Fürsorge durchaus eine soziale Sicherung im großen Umfange gewährleistet, — wie man andererseits bezweifeln kann, ob bei der gegenwärtigen Gestaltung der Sicherung eine sinnvolle Trennung von Sozialversicherung, Versorgung und Fürsorge noch vorhanden ist.

B. Der Einfluß der Sonderversorgungen auf die Sozialversicherung

Die Einführung der Sonderversorgungen hat sich in anderer Weise als die Gestaltung der Fürsorge auf die Sozialversicherung ausgewirkt. Sozialversicherung und Sonderversorgungen erfassen gleichartige Personenkreise und bieten gleichartige und deshalb konkurrierende Leistungen. Beide gewähren Leistungen, deren Höhe — im Prinzip — so bemessen ist, daß ihre Empfänger mehr als nur den notwendigsten Lebensstandard, wie in der Fürsorge, erreichen. Auch der Art und der Rechtsnatur nach sind die Leistungen vergleichbar; das gilt sowohl hinsichtlich der Sachleistungen, etwa der Krankenpflege, wie noch mehr hinsichtlich der Geldleistungen, insbesondere der Renten. Die Sicherung durch Sonderversorgungen stellt demgemäß eine echte „Konkurrenz" für die Sozialversicherung dar; denn derjenige, der Leistungen aus der Sonderversorgung erhält, wird — jedenfalls im Prinzip — einer gleichartigen Leistung aus der Sozialversicherung entraten können. Die wirtschaftliche Sicherung durch eine Versorgungseinrichtung befreit ihn also von dem Zwang, für die Wechselfälle des Lebens selbst durch Beiträge Vorsorge zu treffen, sie erleichtert oder ermöglicht den Verzicht auf anderweite Sicherung. So drängen die Sonderversorgungen — so berechtigt und zweckmäßig sie sein mögen — mittelbar nicht nur die Sozialversicherung, sondern auch die Selbsthilfe (Sparen usw.) und die gemeinschaftliche Selbsthilfe (Versicherung) zurück.

1. Die Sozialversicherung wird aber davon infolge des Umfanges der durch die Sonderversorgungen erfaßten Personengruppen und in-

folge der Gleichartigkeit der Leistungen (Konkurrenzfähigkeit) besonders betroffen.

a) Das gilt in erster Linie für die A l t e r s s i c h e r u n g. Sie ist bereits jetzt für einen großen Teil der Bevölkerung von den Sonderversorgungen und der Fürsorge übernommen worden, — einen Teil der Bevölkerung, der ohne Sonderversorgungen und Fürsorge vermutlich in erheblich größerem Maße seine Alterssicherung in der Sozialversicherung finden würde.

Es handelt sich um die Altersversorgung folgender Personengruppen (im Gebiet der Bundesrepublik für das Jahr 1952)[3]:

	Gesamtzahl der Parteien (Leistungsfälle) (in Tausend)	Gesamtzahl der Personen
Kriegshinterbliebene (ohne 1440 Waisen) ..	1 696 a)	1 796 a)
Kriegsbeschädigte	1 560 a)	rd. 3 000 b)
Unterhaltshilfeempfänger aus dem Lastenausgleich	941 b)	1 480 b)
Versorgung nach dem Ges. zu Art. 131 GG	268 c)	476 c)
Offene Fürsorge	543 b)	936 b)
Geschlossene Fürsorge	283 b)	283 b)
insgesamt	5 291	7 971

Aus diesen Zahlen läßt sich nicht ersehen, wie viele dieser Personen auch von der Sozialversicherung erfaßt werden. Von größeren Gruppen darf angenommen werden, daß sie Leistungen aus der Sozialversicherung nur zusätzlich erhalten, während ihre Grundversorgung aus der Sonderversorgung erfolgt. Umgekehrt erhalten andere den Hauptteil ihrer Gesamtleistung aus der Sozialversicherung und nur zusätzlich Leistungen aus der Sonderversorgung.

b) Damit verändert sich aber die Stellung der Sozialversicherung im Gesamtrahmen der sozialen Sicherung; denn während in der Frühzeit der klassischen Sozialversicherung eine zusätzliche öffentliche Sicherung durch Sonderversorgungen kaum in Betracht kam, können jetzt nicht nur Sonderversorgungen an Stelle der Sozialversicherung treten, sondern vielfach wird eine Sonderversorgung die Hauptleistung und die Sozialversicherung nur eine zusätzliche Leistung gewähren. So ließe sich geradezu eine funktionale Stufenfolge von Formen sozialer Sicherung aufstellen. A l l e   d r e i   L e i s t u n g s a r t e n   b i l d e n   e i n   G e - s a m t s y s t e m   e i n e r   u m f a s s e n d e n   s o z i a l e n   S i c h e - r u n g,   d a s   i n   s e i n e r   W i r k u n g   e i n e r   S t a a t s b ü r g e r - v e r s o r g u n g   r e c h t   n a h e   k o m m t. Dabei schmälern — wie oben angeführt — sowohl die Fürsorge, als auch — von der anderen Seite

---

[3] Die Zahlen sind entnommen aus
a) Hauptergebnisse der Arbeits- und Sozialstatistik 1952, hrsg. v. BAM:
b) A. *Oel* in „Sozialer Fortschritt", 1953, S. 37;
c) K. *Elsholz* in „Deutsche Versicherungszeitschr." 1953, S. 77.

her — die Sonderversorgungen den Bereich der Sozialversicherung. Während die Fürsorge die eigene Vorsorge durch die Aussicht auf Hilfe in Notfällen nicht so dringlich erscheinen läßt, befreien die Sonderversorgungen schon von vornherein Personengruppen von der Notwendigkeit einer privaten, gemeinschaftlichen oder solidarischen Daseinsvorsorge und geben diesen Personengruppen eine staatliche Garantie für ihren Unterhalt im Alter. So üben die Sonderversorgungen mittelbar eine Wirkung aus, die das Versicherungsprinzip zurückdrängt und eine Rückkehr zu ihm erschwert.

c) Welchen „Rang" die Sonderversorgungen im System der sozialen Sicherung einnehmen, läßt sich besonders deutlich erkennen, wenn man die staatlichen Aufwendungen für diese Sonderversorgungen den Aufwendungen der Sozialversicherung — einschließlich der staatlichen Zuschüsse zur Sozialversicherung — gegenüberstellt.

Die folgende Aufstellung ist wesentlich auf Ausgaben für die Sicherung der alten und erwerbsbeschränkten Personen ausgerichtet; daher sind die Aufwendungen der Krankenversicherung, Arbeitslosenversicherung und der Arbeitslosenfürsorge ausgelassen.

Aufwendungen für S o n d e r v e r s o r g u n g e n und F ü r s o r g e (Bundesrepublik 1951)	DM (in Millionen)
Versorgung der Kriegsopfer	2 642 [a]
Fürsorge	904 [a]
Unterhaltshilfe	710 [b]
	4 256
Aufwendungen für S o z i a l v e r s i c h e r u n g (für alte oder erwerbsbeschränkte Personen)	
Rentenversicherung der Arbeiter	2 836 [a]
Rentenversicherung der Angestellten	1 108 [a]
Knappschaftliche Rentenversicherung	715 [a]
Unfallversicherung	657 [a]
	5 316
davon staatliche Zuschüsse	1 302 [b]

Diese Aufstellung läßt ersehen, daß die Aufwendungen der Sonderversorgungen und der Fürsorge auf fast 80 % der Ausgaben der Rentenversicherungen und der Unfallversicherung gestiegen sind. Dabei ist zu berücksichtigen, daß der Staat die Aufwendungen der Sonderversorgungen in vollem Umfange[5], die der Sozialversicherung nur zu etwa einem Viertel trägt.

---

[4] Die Zahlen sind entnommen
a) aus Hauptergebnisse für Arbeits- und Sozialstatistik 1952, hrsg. v. Bundesarbeitsministerium, Übersicht III/11;
b) nach K. *Elsholz* in „Deutsche Versicherungszeitschrift" 1953, Heft 5, S. 77.
[5] Lediglich der Lastenausgleich nimmt eine gewisse Sonderstellung ein;

2. a) Das Verhältnis der Sonderversorgung und der Fürsorge zur
Sozialversicherung läßt die Bedeutung der ersteren erkennen und ihre
Wirkung auf die Sozialversicherung abschätzen. Sie macht auch den
Unterschied der heutigen Sozialversicherung zur
klassischen Sozialversicherung deutlich: Die Sozialversicherung der Zeit um 1950 sieht sich wesentlich anderen sozialpolitischen Aufgaben gegenüber, als sie die klassische Sozialversicherung
— ohne Sonderversorgung und ohne moderne Fürsorge — vorfand und
je erwarten konnte. Die moderne Sozialversicherung hat daher auch
eine völlig andere Wirkungsweise.

b) Weiter darf schon an dieser Stelle bemerkt werden, daß die häufig
beklagte Steigerung der sogenannten „Soziallasten"
auf fast 40 % der Ausgaben des Bundes nicht in erster Linie auf einer
Steigerung der staatlichen Zuschüsse zur Sozialversicherung beruht,
sondern — wie die oben angeführte Aufstellung wohl deutlich genug
zeigt — vor allem auf einer Zunahme der Sonderversorgungen. Das sagt
nichts über die Notwendigkeit, Zweckmäßigkeit und den Wert dieser
Sonderversorgungen aus, — aber es muß betont werden, daß eine Reform
der Sozialversicherung allein nicht geeignet ist, die starke Belastung des
Bundeshaushalts entscheidend zu vermindern. Dieser Erfolg würde
allenfalls dann erreichbar sein, wenn auch die Sonderversorgungen in
eine Reform einbezogen würden und bei einer Neugestaltung alle
öffentlichen sozialen Leistungen in ihren Grundzügen aufeinander abgestimmt würden.

c) Das Anwachsen der Sonderversorgungen, das diese
Belastung des Bundeshaushalts zur Folge hatte, hat gleichzeitig zu
einer Einschränkung aller Formen eigener Sicherung geführt. Es läßt
sich zurzeit noch nicht erkennen, ob für die Zukunft mit einem Abbau
des Bereichs der Sonderversorgungen gerechnet werden kann. Allerdings darf angenommen werden, daß die Aufwendungen für die bestehenden Sonderversorgungen eher ab- als zunehmen werden, z. B.
durch Wegfall der Waisenrenten und der Zahl der Kriegsopfer. Andererseits ist noch nicht abzusehen, ob nicht — etwa bei einem späteren
Zusammenschluß von Ost- und Westdeutschland — Entschädigungsfälle
neu in den Kreis der Sonderversorgungen einbezogen werden,
— wie z. B. jetzt nach dem Gesetz über die Entschädigung ehe-
maliger deutscher Kriegsgefangener vom 30. Januar 1954. Es liegt
nämlich im Wesen der Sonderversorgungen, daß sie leicht weitere Forderungen nach immer neuen Entschädigungen hervorrufen;
denn diese Sonderversorgungen stellen — wie oben schon dargelegt —

denn seine Leistungen werden aus einem Sondervermögen finanziert, dessen
Ansammlung durch eine allgemeine und gleiche Sondersteuer für das Vermögen ermöglicht wird.

nicht so sehr darauf ab, ob ein bestimmter Notstand besteht, sondern wesentlich mehr darauf, ob die Ursache, die zu dem Schaden geführt hat, gewichtig genug erscheint, um einen Ausgleich für vergangene Unbill zu rechtfertigen. Daher rührt es auch, daß gelegentlich im Versorgungsrecht Personen laufend Zahlungen erhalten, die sie mit Sicherheit nicht nötig haben (z. B. Grundrenten in der Kriegsopferversorgung an Großverdiener), und daß diese Leistungen wirtschaftlich an die Stelle einer Kapitalverzinsung treten können (Entschädigungsrente nach dem LAG). So entziehen sich Sonderversorgungen weitgehend einer Beurteilung nach sozialpolitischer und wirtschaftlicher Zweckmäßigkeit und werden gelegentlich von politischen und sozialen Ressentiments gesteuert. Die großzügige Gewährung solcher Versorgungsleistungen führt leicht dazu, daß immer mehr Bevölkerungsgruppen sich in der Vergangenheit mehr als andere benachteiligt glauben (z. B. Währungsgeschädigte) und sich berechtigt fühlen, ebenfalls Rechtsansprüche auf Leistungen gegen den Staat geltendzumachen. Dieses „Entschädigungsstreben" ist für das System der Sonderversorgungen kennzeichnend.

II. Endogene Strukturveränderungen der Sozialversicherung

Sonderversorgungen und Fürsorge haben — wie unter I geschildert — sozusagen von außen her Veränderungen der Sozialversicherung und ihrer Stellung im Gesamtsystem der sozialen Sicherung bewirkt. Sie haben dazu geführt, daß die Sozialversicherung sich vom Versicherungsprinzip entfernt hat. Ein ähnliches Ergebnis haben — von innen her — die Wandlungen gezeigt, denen die Sozialversicherung selbst infolge ihrer durch die eigene Struktur bedingten Entwicklung unterworfen war.

A. Die Ausweitung des von der Sozialversicherung erfaßten Personenkreises und die Minderung der Solidarität

D i e s e   D y n a m i k der Sozialversicherung hat sich besonders deutlich in der ständig wachsenden E i n b e z i e h u n g   w e i t e r e r   P e r s o n e n g r u p p e n manifestiert.

1. So waren z. B. in der gesetzlichen Krankenversicherung Mitglieder (in 1000)[6]:

---
[6] Die Zahlen sind entnommen
a) für das Reichsgebiet aus „Tabellenwerk der deutschen Krankenversicherung" von *Unger* und *Wieglow*, 1932, Tab. 1 und 40;
b) für die Bundesrepublik (einschl. Rentnerkrankenversicherung) aus „Hauptergebnisse der Arbeits- und Sozialstatistik", 1952, hrsg. v. BAM.

Im Jahre 1885   4 294 a)
    „   „   1910   13 069 a)
    „   „   1930   19 597 a)
    „   „   1950   20 927 b).

Noch augenfälliger zeigt sich die Entwicklung in der folgenden Aufstellung, welche die Mitgliederzahlen ins Verhältnis zur Gesamtbevölkerung bringt: Für die Jahre 1890 und 1952 entsprechen sich in etwa
die Einwohnerzahlen des damaligen Deutschen Reiches und der heutigen Bundesrepublik (48 bis 49 Millionen)[6]; die Mitgliederzahlen der
Krankenversicherung jedoch betrugen:

1890 a) =   6 580 000
1952 b) = 22 567 000

Diese Zahlen berichten nur über die Mitglieder der gesetzlichen
Krankenversicherung. Bezieht man die Familienangehörigen der Mitglieder und alle jene Personengruppen ein, die Krankenpflege (nicht
auch Krankengeld) durch sonstige öffentlich-rechtliche Einrichtungen
oder den Staat unmittelbar erhalten, so ergibt sich folgende Aufstellung (in Millionen)[7]:

Mitglieder der Krankenversicherung .... 21,3 a)
Familienangehörige der Mitglieder .... 15,1 b)
Fürsorgeempfänger (mit Angehörigen) .... ca. 1,0 c)
Beamte (einschl. Pensionäre und Angehörige) .... 1,6 d)
Unterhaltshilfeempfänger (mit Angehörigen) .... ca. 1,0 f)
Kriegsbeschädigte und -hinterbliebene .... 1,5 e)
                                                        ─────────
                                                          41,5

----

[7] Die Zahlen sind entnommen

a) für 1951 ohne Doppelzählungen aus „Die soziale Krankenversicherung im
   Jahre 1951 in der Bundesrepublik Deutschland", hrsg. v. Bundesministerium für Arbeit;

b) aus der gleichen Quelle wie a); in „Sozialversicherung und Arbeitslosenversicherung in der Bundesrepublik Deutschland" — DAG-Schriftenreihe — 1953, wird die Zahl der Familienangehörigen nur mit insgesamt
   rd. 12 Mill. angegeben. Demgegenüber gibt die zu a) angeführte Statistik
   die Zahl der Angehörigen in der allgemeinen Krankenversicherung mit
   rd. 13 Millionen (für 1951), die Zahl der Angehörigen in der Rentnerkrankenversicherung mit 2,1 Millionen an; das Statistische Bundesamt
   schätzt allerdings schon für 1950 die Zahl der Angehörigen aus der allgemeinen Krankenversicherung auf 13,7 Millionen (vgl. Wirtschaft und Statistik, 1953, Heft 7, S. 306);

c) Statistisches Jahrbuch 1953, S. 432;

d) Zahl für 1950 aus „Wirtschaft und Statistik", a.a.O.: es sind nur solche
   Beamte erfaßt, die n u r durch staatliche Beihilfe nach Beamtenrecht ge-

Es darf angenommen werden, daß sich die angegebenen Zahlen inzwischen teilweise erhöht haben. Zu diesen Personenkreisen treten weitere Gruppen hinzu, die eine Gruppenversicherung eingehen müssen (Studenten, Krankenschwestern usw.) oder die durch einen eigenen Sanitätsdienst (z. B. Polizei) gesichert sind, sowie schließlich auch die bereits oben angeführten 1,6 Millionen Beamte, die zusätzlich zu ihrer eigenen Privatversicherung staatliche Beihilfen erhalten können. (Von der privaten Krankenversicherung erhielten im Jahre 1951 6,2 Millionen Personen Kostenerstattung für Krankenpflege[8].)

Aus diesen Angaben läßt sich ersehen, daß mindestens für 80 % der Gesamtbevölkerung der Bundesrepublik, wahrscheinlich sogar für etwa 85 % der Bevölkerung, öffentliche Hilfe bei Krankheit (Krankenpflege) garantiert ist. Was hier beispielhaft für die Krankenversicherung ausführlich dargestellt ist, läßt sich auch in ähnlichem Umfang für andere Risiken (Alter, Unfall, Tod) wiederholen[8a].

2. Für die Zunahme der durch die Sozialversicherung gesicherten Personen sind zwei Gründe anzuführen.

a) Das Anwachsen beruht einmal darauf, daß die Zahl der abhängig Beschäftigten und damit der Versicherungspflichtigen erheblich zugenommen hat. Diese Zunahme hält offenbar noch an; die Zahl der abhängig Erwerbstätigen einschließlich der Arbeitslosen beläuft sich zur Zeit auf fast 17 Millionen ohne die fast 6 Millionen Rentner (entnommen aus Bundesarbeitsblatt 1953, Heft 23, S. 725). Diese Zunahme der Zahl der abhängigen Erwerbspersonen und damit der sozialversicherungspflichtigen Personen verkoppelt die Entwicklung der Sozialversicherung mit der Veränderung der Bevölkerungsstruktur überhaupt. Würde dieses Anwachsen der abhängigen Erwerbspersonen sich fortsetzen, so würde auch ohne Änderung des bestehenden Sozialversicherungsrechts der Zeitpunkt abzusehen sein, in dem die Sozialversicherung nicht 80 %, sondern 95 % der Bevölkerung gegen die Wechselfälle des Lebens sichert. Sie würde dann — und ist es weitgehend auch jetzt

---

schützt sind. Die Zahl der zusätzlich privat versicherten Beamten beträgt 1,4 Millionen;

e) die Zahlen der Kriegsbeschädigten und der Kriegshinterbliebenen sind nur insoweit erfaßt, als sie volle Krankenpflege auch über das Versorgungsleiden hinaus tatsächlich von den Versorgungsämtern erhalten; da Feststellungen darüber nicht vorhanden sind, mußte die Zahl in Anlehnung an die Zahl der Empfänger von voller Ausgleichsrente geschätzt werden;

f) Statistisches Jahrbuch 1953, S. 435.

[8] Ohne Zusatzversicherung und Tagegeldversicherung, entnommen aus „Die Privatkrankenversicherung im Jahre 1951", Rechenschaftsbericht des Verbandes der privaten Krankenversicherung, Köln, S. 25.

[8a] Neuere Zahlenangaben in der Denkschrift von *Achinger, Höffner, Muthesius, Neuendörfer: „Neuordnung der sozialen Leistungen"*, Köln, 1955 (Anmerkungen u. Beilagen).

schon — nicht mehr eine Versicherung der Arbeitnehmer, sondern eine Art allgemeiner Volksversicherung sein, die allein schon ihrem Umfange nach die Tendenz zur Erfassung der gesamten Bevölkerung hätte.

Schon heute wird man sagen müssen, daß die Sozialversicherung sich kraft des Umfangs der von ihr erfaßten Bevölkerungskreise von der ursprünglichen Konzeption zu lösen beginnt, vielleicht auch schon gelöst hat; denn danach war die Sozialversicherung eine im wesentlichen nur auf den notleidenden Teil der Bevölkerung beschränkte Versicherung, die mit dem Schicksal der Arbeitnehmerschaft eng verbunden war. Wenn infolge der tatsächlichen Entwicklung die Arbeitnehmerschaft einschließlich ihrer Angehörigen den weitaus größten Teil der Bevölkerung ausmacht, dann muß dieser ursprüngliche Gedanke schon ohne weiteres Zutun zurücktreten.

b) Die Zunahme der von der Sozialversicherung erfaßten Personen ist aber auch darauf zurückzuführen, daß mehr und mehr von der f r e i - w i l l i g e n M i t g l i e d s c h a f t in der Sozialversicherung Gebrauch gemacht wird. Eine solche freiwillige Mitgliedschaft ist sowohl in der Krankenversicherung (§ 178 RVO, vgl. auch den Gesetzentwurf über die Begrenzung der Versicherungsberechtigung) als auch in der Rentenversicherung (§ 1243 RVO) möglich. Zu diesen sogenannten Selbstversicherten treten noch die Personengruppen der Weiterversicherten (§ 313 RVO und § 1244 RVO). Diese Weiterversicherung ist eingeführt, weil bei Wegfall der Versicherungspflicht, z. B. bei Überschreiten der Versicherungspflichtgrenze, die Anwartschaften des Versicherten Berücksichtigung erforderten. So kann der Versicherte zwar aus der versicherungspflichtigen Beschäftigung herauswachsen, aber seine bisher erworbenen Rechte in der Sozialversicherung durch Weiterversicherung aufrechterhalten. Die freiwillige Versicherung in der Krankenversicherung hat besonders durch die Möglichkeit der freien Krankenpflege auch für die Familienangehörigen[9], die freiwillige Versicherung in der Rentenversicherung durch die durch das Sozialversicherungsanpassungsgesetz eingeführten Mindestrenten einen erheblichen Anreiz erhalten. Der Prozentsatz der Zahl der freiwillig Versicherten beträgt über 15 %[10], in der Rentenversicherung mag er noch höher sein. Mit der Zunahme der freiwillig Versicherten und der Erstreckung der Versicherung auf bestimmte Gruppen Selbständiger (so in der Handwerkerversorgung) greift die Sozialversicherung über den Kreis der Arbeit-

---

[9] Vgl. dazu die Feststellung der Barmer Ersatzkasse, daß die Zahl der freiwilligen Mitglieder mit besonders zahlreichem Familienanhang stetig zunimmt, Jahresbericht 1953, S. 26.

[10] Vgl. „Die soziale Krankenversicherung im Jahre 1951", hrsg. vom BAM, S. 12, und „Hauptergebnisse der Arbeits- und Sozialstatistik 1952", hrsg. vom BAM, S. 42.

nehmer hinaus auf andere Bevölkerungsgruppen, also insbesondere auf Selbständige und auf hochverdienende Angestellte über. Diese Entwicklung führt von dem Gedanken der Sicherung innerhalb einer geschlossenen Gruppe hinüber zu dem einer allgemeinen Versicherung.

Es erhellt, daß bei einem solchen Umfang der Sozialversicherung auch diese selbst ihren rechtlichen Charakter ändert. Die Quantität des erfaßten Personenkreises wirkt sich auf die Qualität der Einrichtung, d. i. die Sicherungsform in der Rechtswirklichkeit aus.

3. Das zeigt sich vornehmlich in der mit dem Anwachsen der Sozial-versicherung offenbar verbundenen S c h w ä c h u n g d e r I d e e d e r S o l i d a r i t ä t eines oder mehrerer Berufsstände.

a) Diese Solidarität setzt nämlich voraus, daß eine echte soziale Gruppe Träger i h r e r Sicherungseinrichtung ist und daß die Ange-hörigen dieser Gruppe sich zu dieser selbst und zu ihrer Sicherungs-einrichtung bekennen. Das Bestehen einer sozialen Gruppe und die Solidarität innerhalb dieser hängt eng mit dem Prinzip der begrenzten Versichertengemeinschaft und des sozialen Ausgleichs zusammen; denn n u r i n n e r h a l b e i n e r z a h l e n m ä ß i g b e s c h r ä n k t e n V e r s i c h e r t e n g e m e i n s c h a f t l ä ß t s i c h e r w a r t e n, d a ß d a s V e r s t ä n d n i s f ü r d i e N o t w e n d i g k e i t e i n e s s o z i a-l e n A u s g l e i c h s b e s t e h t. Der Gedanke des sozialen Ausgleichs bedeutet nichts anderes, als daß innerhalb der Versichertengemein-schaft Versicherte mit höherem Einkommen für diejenigen mit niedri-gem Einkommen eintreten, soweit sie sich in demselben Beruf oder in derselben Berufsgruppe oder in demselben Industriezweig befinden (vgl. Erster Teil, S. 25, 27). Dieses Prinzip tritt ganz deutlich bei der besonderen Rentenversicherung der A n g e s t e l l t e n und bei den Ersatzkassen für Angestellte zutage. Es zeigt sich weiter bei den Berufs-genossenschaften der Unfallversicherung, denen die Unternehmen des-selben Wirtschaftszweiges angehören. Diese Unternehmen sind im wesentlichen von jeweils gleichen Gefahren bedroht und befinden sich auch hinsichtlich ihrer Kostenstruktur in einer vergleichbaren Lage. Die Übereinstimmung in der wirtschaftlichen Lage der Unternehmen teilt sich auch den Arbeitnehmern mit, die in den Betrieben dieses Wirtschaftszweiges beschäftigt sind. Auch sie sind von den wesentlich gleichen Gefahren bedroht und befinden sich auch hinsichtlich ihrer Arbeitsverdienste in vergleichbarer sozialer Lage; denn auch die Ar-beitsverdienste werden im allgemeinen durch Tarifverträge für ein-zelne Wirtschaftszweige in vergleichbarer Höhe festgelegt. Von den Angehörigen einer solchen sozialen Gruppe kann gefordert werden, daß sie bereit sind, für die Sicherung anderer Angehöriger der Gruppe ein-zutreten. Die Sicherung durch soziale Versicherung schafft der einzelne somit weder aus eigener Kraft noch durch die Gesamtheit aller Staats-

4*

bürger, sondern mit Hilfe seiner sozialen Gruppe. Lockert sich der Zusammenhalt innerhalb dieser Gruppe oder fällt er ganz fort, so fehlt der innere Grund für eine gemeinsame Sicherung der Gruppenangehörigen.

b) Die Zunahme der Versichertenzahlen und die Ausdehnung der Sozialversicherung auf Nicht-Arbeitnehmer deutet darauf hin, daß sich in der Sozialversicherung und ihren einzelnen Versicherungszweigen mit den verschiedenen Versicherungsträgern nicht mehr echte soziale Gruppen zusammenfinden. Darüber hinaus bestehen auch Anzeichen dafür, daß sich gegenwärtig eine Auflösung überkommener sozialer Gruppen vollzieht. Sie geschieht durch Aufstieg und Abstieg von Gruppenangehörigen und durch eine stärkere Differenzierung aller Gruppen. Diese Variabilität des sozialen Aufbaues verändert auch das Bewußtsein des einzelnen von der Zugehörigkeit zu seiner Gruppe und ihrer Bedeutung. An die Stelle des ausgeprägten Gruppenbewußtseins, wie es sich etwa in dem Klassenkampfgedanken der Arbeiterschaft manifestiert hatte, ist eine gewisse soziale Uniformierung getreten derart, daß etwa die allen gemeinsame Stellung als Verbraucher stärker zur Geltung kommt. Allenfalls bei den Bergleuten und bei den Angestellten hat sich das Gruppenbewußtsein in stärkerem Maße noch erhalten. Mit dem Zurücktreten der Gruppe und des Gruppenbewußtseins ist aber der innere Grund für die Gestaltung der Sozialversicherung in Frage gestellt. Es setzt sich eine andere Einstellung gegenüber der Versichertengemeinschaft und damit der Sozialversicherung durch. Der Versicherte ist darauf bedacht, möglichst den Gegenwert für seine Beiträge aus der Sozialversicherung herauszuholen. Er übernimmt keine Verantwortung mehr für seine soziale Gruppe, sondern plant in bezug auf die Einrichtungen der Sozialversicherung erwerbswirtschaftlich. Dieses erwerbswirtschaftliche Denken dürfte in erheblichem Maße dafür ursächlich sein, daß die Einrichtungen der Sozialversicherung ungerechtfertigt beansprucht und ausgenutzt werden.

Aus all dem folgt für die Sozialversicherung, daß sie nicht mehr allgemein damit rechnen kann, daß ihre Mitglieder innerlich bereit sind, füreinander einzutreten, sondern daß sie den Zwang der Sozialversicherung als eine Belastung und ihre Leistungen als eine nicht selbst erdiente Gabe des Staates empfinden. Dieser Verlust der Solidarität ist — wie dargelegt — zum erheblichen Teil durch die Ausweitung des Personenkreises der Sozialversicherung erfolgt, und zwar durch eine undifferenzierte Zunahme.

c) Zu dem Verlust der Solidarität hat ferner die Form der S o z i a l - v e r s i c h e r u n g a u f f r e m d e R e c h n u n g beigetragen (vgl. dazu des näheren unten S. 57 ff.). Die Zuweisung von Versorgten oder son-

stigen Personengruppen, die nicht versichert sind, zu einem Sozial-
versicherungsträger bewirkt — ebenso wie die Möglichkeit des freiwilligen Beitritts — eine andere Zusammensetzung der von dem Versicherungsträger „Versorgten". Es ist sicherlich so, daß die zwangsweise einer Einrichtung der Sozialversicherung zugewiesenen Nicht-
Mitglieder mit einer anderen Einstellung dem Versicherungsträger
gegenübertreten als die Mitglieder einer Versichertengemeinschaft. Je
größer der Umfang dieser „Fremden" bei einem Versicherungsträger
ist, desto mehr verliert die ursprüngliche Gruppe der Versicherten ihr
Zusammengehörigkeitsgefühl.

d) An die Stelle der verlorenen Solidarität innerhalb der Versichertengemeinschaft tritt dann eine andere Einstellung, die sich bei den
Versicherten darin äußert, daß von den Einrichtungen der Sozialversicherung in erster Linie verlangt wird, Leistungen zu gewähren, ohne
Rücksicht darauf, wie die Mittel dafür aufgebracht werden. Es bleibt
dann lediglich eine Organisation übrig, die nur funktionelle Bedeutung
hat und deren Sinnhaftigkeit nicht erkannt wird. In Verbindung mit
Fürsorge und Versorgung läßt sich dieses System als eine U m k e h -
r u n g   d e s   S u b s i d i a r i t ä t s p r i n z i p s bezeichnen: Während
bei dem richtig aufgefaßten Subsidiaritätsprinzip zuerst und allein
der einzelne und dann die engere und später erst die weitere Gemeinschaft und schließlich der Staat für die soziale Sicherung eintreten sollen, wird dieses funktionelle System davon beherrscht, daß in jedem
Falle eine Garantie auf soziale Leistungen besteht und daß die Stellen,
die diese Leistungen gewähren, nur im Sinne einer möglichst zweck-
mäßigen technischen Zuständigkeit, also im Sinne eines gut funktionierenden Apparates, ausgewählt sind, bei dem die „Leistungsquellen" je
nach Bedarf auswechselbar sind. Dabei besteht die Tendenz, zuerst den
Staat als den finanzkräftigsten „Schuldner" in Anspruch zu nehmen
und persönliche Hilfsquellen als zusätzliche, dem gehobenen Lebensstandard zuzurechnende Leistungen anzusehen.

**B. Die staatliche Finanzierung der Sozialversicherung und der Einbruch
des Versorgungsprinzips**

1. Was oben hinsichtlich der Ausweitung des Personenkreises über
das Umschlagen der Quantität in die Qualität ausgeführt wurde, läßt
sich mit ähnlichem Ergebnis auch hinsichtlich der Zunahme der
S t a a t s h i l f e in der Sozialversicherung aufzeigen. Es gehört zum
Wesen der Sozialversicherung, daß der Staat durch Zuschüsse, aber
auch durch Bereitstellung einer öffentlich-rechtlichen Institution mit
Zwangsgewalt der Sozialversicherung Hilfestellung leistet. Vom Entstehen der Sozialversicherung an hat der Staat Zuschüsse zur Invalidenversicherung gewährt, zu denen in jüngster Zeit eine Art „Aus-

fallbürgschaft" des Staates trat (vgl. § 1384 Abs. 2 RVO, § 5 Abs. 2 SVAG, § 5 KnVAG).

Zu diesen alten Verpflichtungen hat die Bundesrepublik weitere übernommen[11a].

2. Durch die Übernahme dieser Verpflichtungen und durch die sonstigen Zuschüsse des Staates hat sich in der R e n t e n v e r s i c h e - r u n g ein Wandel vollzogen. Langsam, aber stetig verlagert sich die Last der Rentenleistung von der Versichertengemeinschaft auf den Staat[11]. Für die Zukunft muß damit gerechnet werden, daß die Beteiligung des Staates eher zu- als abnehmen wird. Das ergibt sich aus dem A l t e r s a u f b a u der Bevölkerung. Es kann nämlich allgemein gesagt werden, daß um so mehr Staatsmittel benötigt werden, je mehr die Alterslast zunimmt; denn je weniger Personen durch ihre Beiträge zur Finanzierung der Sozialversicherung beitragen und je mehr Personen auf die Leistungen der Sozialversicherung infolge Alters einen Anspruch erwerben, desto mehr ist es erforderlich, den Beitragsschwund und die Leistungssteigerungen durch Staatszuschüsse aus allgemeinen Steuermitteln auszugleichen.

3. Die Bedeutung dieser Verschiebung des Schwergewichts bei der Finanzierung der Renten-„Versicherung" von den Beiträgen auf die Staatszuschüsse liegt auf der Hand: E i n e V e r s i c h e r u n g, d i e d e n A u s g l e i c h z w i s c h e n E i n n a h m e n u n d A u s g a b e n n u r d u r c h s t a a t l i c h e Z u s c h ü s s e e r r e i c h e n k a n n u n d d i e i n i h r e r K a l k u l a t i o n m i t h i n s t e t s a u f H i l f e v e r s p r e c h u n g e n d e s S t a a t e s a n g e w i e s e n i s t, k a n n i h r e n r e c h t l i c h e n C h a r a k t e r a l s V e r s i c h e - r u n g a u f d i e D a u e r n u r s c h w e r w a h r e n. Die gewisse Selbständigkeit der Versicherungeinrichtungen und die Trennung von den staatlichen Finanzen sind für sich allein keine Merkmale, die der Annahme einer Versorgung entgegenständen; diese rechtlichen Eigenschaften kann auch ein Sondervermögen, wie z. B. das der Bundesbahn, besitzen. Vielmehr kommt es auf das Verhältnis von Staatsmitteln zum Beitragsaufkommen der Versichertengemeinschaft an. Hier kann — wie oben bereits erwähnt — die beträchtliche Quantität der Staatsbeteiligung auch die Qualität der Sicherungsformen verändern. Daher muß die Frage gestellt werden, ob die Rentenversicherung in Wahrheit nicht heute schon einer Versorgung stark angeglichen ist.

---

[11] Vgl. des näheren *Elsholz* in „Deutsche Versicherungszeitschrift", 1953, Heft 4, S. 76.

[11a] Über die Ausgaben für soziale Sicherheit in der Bundesrepublik siehe „Arbeits- und Sozialstatistische Mitteilungen", herausgegeben vom Bundesarbeitsministerium, 1955, S. 362 ff. — Vgl. auch *Elsholz*, „Der Sozialhaushalt des Bundes" in „Finanzpolitische Mitteilungen des Bundesfinanzministers" v. 4. 10. 1955.

Dafür spricht insbesondere die fehlende Deckung der Leistungsansprüche (a) und eine gewisse Abhängigkeit der Liquidität der Rentenversicherung von den Staatsfinanzen (b).

a) Zwar besteht in der Rentenversicherung formell noch allgemein
das A n w a r t s c h a f t s d e c k u n g s v e r f a h r e n (§ 1391 RVO);
tatsächlich aber hat die Rentenversicherung ihr Vermögen verloren und
ist zurzeit nicht in der Lage, Mittel für spätere Rentenleistungen in
dem versicherungsmäßig erforderlichen Ausmaß zurückzulegen. Es besteht auch wenig Aussicht darauf, daß das Anwartschaftsdeckungsprinzip tatsächlich wieder angewendet wird, wie die Praxis der Gesetzgebung seit 1949 zeigt. Der Gesetzgeber hat gezeigt, daß der Maßstab
für seine Regelungen mehr der notwendige Bedarf der Rentner an
Leistungen als die Vermögensanhäufung im Sinne des Anwartschafts-
deckungsverfahrens ist.

b) Mit der tatsächlichen Aufgabe des Anwartschaftsdeckungsprinzips
wird dem von mehreren Wirtschaftstheoretikern betonten Grundsatz
Rechnung getragen, daß volkswirtschaftlich die Renten als Ausgaben
für den Verbrauch stets von der produzierenden Generation aufgebracht werden müssen und daß ein Sparen im volkswirtschaftlichen
Sinne nur sehr unvollkommen möglich ist[12]. Diese Feststellung dürfte
jedenfalls für die Sozialversicherung und darunter besonders für die
Rentenversicherung Gültigkeit beanspruchen, da deren Umfang eine
betriebswirtschaftliche Betrachtung des Sparens und der Versicherung
verbietet.

Wie sehr der Gesetzgeber, genauer der Finanzminister, diese volkswirtschaftlichen Überlegungen sich zunutze gemacht hat, zeigt — sozusagen im negativen Sinne — die Eintragung von S c h u l d b u c h -
f o r d e r u n g e n ins Bundesschuldbuch an Stelle von tatsächlichen
Zahlungen des Bundes an die Rentenversicherungsträger (vgl. Gesetz
vom 4. 9. 1953)[13]. Diese Schuldbuchforderungen stellen in privatwirt-
schaftlicher Beurteilung hinreichende Sicherheiten dar. Volkswirtschaftlich gesehen dagegen sind sie von geringerem Wert; denn wenn die
Rentenversicherung einmal — etwa in einer Wirtschaftskrise — zu
einer Realisierung dieser Forderungen schreiten müßte, so würde dem
Staat eine Rückzahlung dieser Mittel wahrscheinlich nur bei Einschränkung sonstiger staatlicher Ausgaben möglich sein; ist dem Staat eine

---

[12] So Prof. *Rittig* im Jahre 1950 in „Gegenwartsfragen sozialer Versicherung", S. 113, ferner *Achinger*, a.a.O., S. 119 und *Mackenroth* in Schriften
des Vereins für Sozialpolitik, Neue Folge, Bd. 4 (1952), S. 39 ff. (S. 42).

[13] In den Bundeshaushalt 1954/55 sollen weitere Schuldbuchforderungen
in Höhe von 512 Millionen DM für die Renten- und Arbeitslosenversicherung
eingesetzt werden; vgl. die Rede des Bundesfinanzministers vor dem Bundestag am 22. 1. 54, „Das Parlament" 1954, Nr. 5 S. 10; im Bundeshaushaltsjahr
1953 waren es 740 Millionen DM.

solche Einsparung in dem von der Rentenversicherung gewünschten Zeitpunkt unmöglich oder unerwünscht, so könnte er nur durch eine Geldschöpfung ohne Gegenwert Abhilfe schaffen. Der Zusammenhang von Währungssicherheit, Staatsschuld und Rentenversicherung wird hier deutlich.

c) Die Eintragung der Schuldbuchforderungen an Stelle von Zahlungen an die Rentenversicherung läßt auch erkennen, wie sehr Staatsfinanzen und Rentenversicherung voneinander abhängig sind. Für eine Versicherung ist aber wesentlich, daß „die Bereitstellung der Mittel von vornherein so errechnet und veranschlagt werden kann, daß die Erfüllung der Verpflichtung aus dem Versicherungsverhältnis garantiert erscheint" (so Prof. Rohrbeck in „Gegenwartsfragen sozialer Versicherung", S. 18). Da die Versicherung die Mittel für zukünftige Leistungen aufgespeichert hat, kann der Versicherte — jedenfalls in der Theorie — „mit einem Ewigkeitswert der Versicherungseinrichtung rechnen" (Rohrbeck a.a.O.). Demgegenüber ist der Versorgte von der Lage des Staatshaushalts und dessen Liquidität abhängig. Er muß daher mit einer zusätzlichen Unsicherheit für seine Leistungen rechnen. In einer ähnlichen Lage befindet sich aber tatsächlich die Rentenversicherung infolge der notwendigen Staatszuschüsse und auch wegen der ihr übertragenen Schuldbuchforderungen. Sie steht dem Staat daher i n s o w e i t wie eine Versorgungseinrichtung gegenüber.

d) Schließlich bringt die Zunahme der Staatszuschüsse noch eine weitere Konsequenz mit sich. Ein wesentliches Element der Sozialversicherung wurde oben (Erster Teil, S. 24 ff.) in dem durch die Sozialversicherung bewirkten sozialen Ausgleich innerhalb einer Versichertengemeinschaft gesehen. Dieser soziale Ausgleich wird durch die Zunahme der Staatszuschüsse verstärkt, allerdings gleichzeitig auch in eine andere Richtung gedrängt; denn während die Sozialversicherung den sozialen Ausgleich innerhalb einer zu der Versichertengemeinschaft zusammengeschlossenen sozialen Gruppe vollzieht, erfolgt der soziale Ausgleich durch Staatszuschüsse auf dem Wege über die Steuer, insbesondere die Einkommen- und Umsatzsteuer. Die Heranziehung der Einkommensteuer zur Finanzierung der Renten verstärkt infolge ihrer Progression die Einkommensumschichtung. Diese Wirkung der Rentenversicherung wird noch verstärkt durch die Festsetzung von Mindestrenten und überhaupt durch die festen Rentenbestandteile, d. h. die nicht von der Beitragshöhe abhängigen Leistungen (Grundbetrag, Grundbetragserhöhung, Anpassungszulage, Kinderzulagen usw.). Durch die Finanzierung aus allgemeinen Steuermitteln greift die Sozialversicherung — ebenso wie durch das Anwachsen des Personenkreises — in ihrer Auswirkung auf die gesamte Bevölkerung über und verliert insoweit ihre in sich geschlossene Ausgleichsfunktion.

C. Weitere Abweichungen vom Versicherungsprinzip

Nicht jede Stufe in der Entwicklung des Sozialversicherungsrechts hat einen so deutlichen Ausdruck gefunden wie die Ausweitung des Personenkreises und die Zunahme der Staatshilfe. Diese äußerlich sichtbaren Entwicklungsformen der Sozialversicherung können in ihrer ganzen Bedeutung nur erkannt werden, wenn man die fast versteckten Änderungen hinzunimmt, welche die Rechtsgestaltung im einzelnen erfahren hat. Zu den Änderungen, die sich in der Rechtswirklichkeit fast unbemerkt vollzogen haben, aber für die rechtliche Wandlung der Sozialversicherung gleichwohl bedeutsam geworden sind, gehören die Ausdehnung der Sozialversicherung auf fremde Rechnung, die an Gewicht immer mehr zunehmende Gewährung von Krankenpflege als Versicherungsleistung und die stärkere Auflockerung des Zusammenhanges zwischen Beitrag und Leistung, insbesondere in der Rentenversicherung.

1. Die Sozialversicherung auf fremde Rechnung[14]

a) Ein großer Teil der Aufwendungen des Bundes an die Versicherungsträger wird als Ersatz für Leistungen der Sozialversicherung an Personen gewährt, die nicht zum Kreise der Versicherten (im Sinne der Zugehörigkeit zu einer Gefahrengemeinschaft) gehören. Gelegentlich gewährt dabei die Sozialversicherung diese Leistungen im staatlichen Auftrag („A u f t r a g s l e i s t u n g e n"), vielfach aber „gelten" diese Personen als versichert oder werden nachversichert (vgl. § 1242 a RVO, § 72 des Gesetzes zu Art. 131, vgl. auch die Aufstellung bei Eckert-Sauerborn, Die Versicherungsgesetze, zu § 1242 a RVO über den Umfang der durch Gesetz in die Nachversicherung einbezogenen Personen). In allen diesen Fällen wird die Einrichtung der Sozialversicherung benutzt, um Leistungen des Staates zwecks Versorgung bestimmter Personen zu erbringen. Es handelt sich also in Wahrheit um eine S t a a t s v e r s o r g u n g i n d e r ä u ß e r e n F o r m e i n e r S o z i a l v e r s i c h e r u n g a u f f r e m d e R e c h n u n g.

Diese Rechtsform ist nun keineswegs allein bei Zahlung der Kosten durch den Staat, also als Sozialversicherung auf staatliche Rechnung üblich. Vielmehr bedienen sich ihrer auch die Versicherungsträger selbst, wenn sie ihren Berechtigten Leistungen auf Kosten eines anderen Versicherungszweiges zukommen lassen — so etwa bei der Krankenversicherung der Rentner und der Arbeitslosen.

---

[14] Diese treffende Bezeichnung wird von *Auerbach*, „Die Krankenversicherung" 1952, S. 107, unter Hinweis auf seine Schrift „Sozialpolitik in der Sackgasse" (Schriftenreihe des Reichsbundes der Kriegs- und Zivilbeschädigten, Sozialrentner und Hinterbliebenen, Heft 5) verwandt.

b) Die Zunahme der „Sozialversicherung auf fremde Rechnung" läßt sich am Beispiel der Krankenversicherung besonders deutlich nachweisen. In Tabelle II sind die Personengruppen zusammengestellt, denen die Krankenversicherung Krankenpflege gewährt. Es handelt sich um 23 verschiedene Gruppen[15], von denen als besonders wichtig — außer den Pflichtversicherten und den freiwillig Versicherten nebst Angehörigen — die Rentner, die Arbeitslosen, die Kriegsbeschädigten und Kriegshinterbliebenen, die nach § 363 RVO Zugewiesenen und neuerdings die Unterhaltshilfeempfänger nach dem Lastenausgleichsgesetz zu nennen sind. Die Krankenversicherung führt die Krankenpflege für diese Personen nach den für Versicherte geltenden Vorschriften und nach den von ihr geschlossenen Verträgen mit den Kassenärztlichen Vereinigungen durch. Sie erhält ihre Aufwendungen teils pauschal abgegolten, so z. B. in der Rentnerkrankenversicherung, oder als Kostenersatz erstattet.

Diese Form der Krankenversicherung ist bei dem gegenwärtigen System der Sozialversicherung technisch sicherlich sehr zweckmäßig. Sie zerstört aber die Einheit einer weitgehend auf dem Versicherungsprinzip aufgebauten Sozialversicherung, verwischt die versicherungsmäßige Kalkulation des Versicherungsträgers und nimmt dem Versicherten das Bewußtsein, daß die ihm gewährten — meist gleichartigen — Leistungen auf gemeinschaftlicher Selbsthilfe beruhen.

c) Die Sozialversicherung auf fremde Rechnung b e e i n t r ä c h t i g t a u c h d i e S e l b s t v e r w a l t u n g d e r V e r s i c h e r t e n g e m e i n s c h a f t. Das gilt insbesondere für den Fall, daß der Krankenkasse Krankenpflege als Auftragsangelegenheit zugewiesen wird; denn dann unterliegen die Selbstverwaltungskörperschaften insoweit nicht nur einem Aufsichtsrecht, sondern der Weisung des Staates. „Gerade das Bestehen eines solchen Anweisungsrechts ist das entscheidende Kennzeichen für das Vorliegen einer Auftragsangelegenheit. Es erhellt ohne weiteres, daß die Übertragung vieler solcher Auftragsangelegenheiten auf einen Selbstverwaltungskörper dessen Selbständigkeit gegenüber dem Staat insgesamt beeinträchtigen muß; so haben die Gemeinden durch die ständige Zunahme von Auftragsangelegenheiten viel von ihrem früheren Eigenleben eingebüßt" (so Bogs hinsichtlich der gemeindlichen Auftragsangelegenheiten in „Gegenwartsfragen sozialer Versicherung", 1950, S. 151, mit weiteren Angaben). Von dieser Gefahr werden auch die Versicherungsträger bedroht, sofern die Auftragsangelegenheiten im Rahmen der Sozialversicherung auf fremde Rechnung zunehmen. — Hier vollzieht sich verhältnismäßig unbemerkt auch ein Substanzverlust des Versicherungsprinzips innerhalb der

---

[15] Vgl. oben S. 73 f.; in Tabelle II sind nur 21 Gruppen aufgenommen worden.

Sozialversicherung. Der Gesetzgeber mag bei der Einrichtung der Sozialversicherung auf fremde Rechnung gerade beabsichtigt haben, die von ihm zu erbringenden Leistungen in die Form einer Versicherungsleistung zu kleiden und damit dieser Staatsleistung Versicherungselemente beizumischen. In Wirklichkeit wird aber durch diese Gestaltungen die Form der Versicherung mißbraucht zur Erfüllung von Versorgungsverpflichtungen.

2. Eine weitere Veränderung in Richtung auf eine Versorgung hin hat sich ebenfalls in der Krankenversicherung vollzogen. Hier ist es die Krankenpflege, deren Kennzeichnung als Versicherungsleistung früher unbestritten war, die aber in der neueren Entwicklung immer weniger Versicherungselemente aufweist.

a) Die Krankenversicherung ist nach § 182 Abs. 2 RVO verpflichtet, ausreichende und zweckmäßige Krankenpflege zu gewähren; diese darf jedoch das Maß des Notwendigen nicht übersteigen. Während im allgemeinen die Einschränkung der Krankenpflege auf das notwendige Maß hervorgehoben wird, erscheint der gesetzliche Befehl, sie auch ausreichend zuzubilligen, ebenso bedeutsam. Durch die gesetzliche Normierung „nicht mehr als notwendig, aber ausreichend" sind für den Anspruch auf Krankenpflege feste Grenzen gezogen: Ohne Rücksicht auf die finanzielle Lage der Krankenkasse, das Steigen oder Fallen ihrer Beitragseinnahmen, hat die Krankenversicherung den Versicherten in ausreichendem Maße Krankenpflege zu gewähren. Diese ist also — soweit es sich um Pflichtleistungen handelt — allein von dem jeweiligen Bedarf abhängig. Die Krankenversicherung hat auch keine Möglichkeiten, dieses Ausmaß der Krankenpflege zu mindern. Sie kennt grundsätzlich für die Krankenpflege keine Wartezeiten und keine Begrenzung der Leistungen durch Höchstsätze für die entstandenen Krankheitskosten. Ebensowenig kann sie es vermeiden, Personen mit sogenannten alten Leiden in den Kreis ihrer Versicherten aufzunehmen und dadurch ihr Risiko zu erhöhen. Schließlich besteht für die Krankenpflege — anders bei Krankenhauspflege — auch keine zeitliche Begrenzung (nach dem Erlaß des RAM vom 2. 11. 1943 über Verbesserungen in der gesetzlichen Krankenversicherung, Ziff. I 1 zu § 183 RVO).

b) Bei der zeitlich unbegrenzten Gewährung von Krankenpflege fällt auf, daß hier eine unterschiedliche Regelung gegenüber der Gewährung von Krankengeld besteht; denn dieses kann im allgemeinen nur bis zur Dauer von 26 Wochen oder gemäß Satzung bis zu einem Jahr zugebilligt werden. Auch ist für den Bezug von Krankengeld eine Karenzzeit (drei Tage) eingeführt. Im Unterschied zu der Gewährung von Krankenpflege ist das Krankengeld durch die Bindung an den Grundlohn und damit an die Beitragsleistung seiner Höhe nach begrenzt, während die Krankenpflege eine solche Begrenzung dem Umfang nach nicht kennt und auch in keinem Verhältnis zur Beitragsleistung steht. Das zeigt sich besonders deutlich bei der unentgeltlichen Gewährung von Krankenpflege an Familienangehörige, für die der einzelne keinen Beitrag zahlt. Es kommt hinzu, daß die notwendige Krankenpflege allein durch Art und Dauer der Krankheit begrenzbar ist; die Krankheit und ihre Heilung ist nicht teilbar, so daß also auch der Anspruch auf Krankenpflege nicht versicherungsmäßig nach der Höhe der Beiträge abgestuft werden kann. Die Krankenpflege ist vielmehr ihrem Wesen nach eine „Einheitsleistung". Diese Eigenart der Krankenpflege beruht auf der Art, in der die soziale Krankenversicherung die Heilungsmöglichkeiten den Versicherten bereitstellt. Sie tut das — im Unterschied zu der privaten Krankenversicherung — nicht durch die Erstattung der Auslagen, die den Versicherten durch Krankenpflegekosten erwachsen sind, sondern durch unmittelbare Gewährung der ärztlichen Hilfe und der Arzneien. Es handelt sich also bei der Krankenpflege nicht um einen in Geld zu bewirkenden Schadensausgleich — wie in der Privatversicherung —, sonden vor allem um die Organisierung der notwendigen ärztlichen Hilfe.

c) Diese einer versicherungsmäßigen Gestaltung somit schwer zugängliche Krankenpflege hat nun in den letzten Jahrzehnten ständig an Bedeutung gewonnen, so daß man von einer Verschiebung des Schwergewichts innerhalb der Krankenversicherung von der Krankengeldzahlung auf die Gewährung von Krankenpflege sprechen kann.

Die Krankheit als solche hat nach unserer heutigen Anschauung unmittelbar mit wirtschaftlichen Dingen nichts zu tun: Krank sein bedeutet nicht notwendig arm sein, und reich sein schützt nicht vor Krankheit. Neben diesem jedermann belastenden Risiko des Krankwerdens hat die Krankheit aber für die Lohn- und Gehaltsempfänger vielfach die Folge, daß sie infolge Verlusts der Arbeitsfähigkeit die Grundlage ihrer wirtschaftlichen Existenz, das Arbeitseinkommen, verlieren. Den Ansatz für die Krankenversicherung gab, historisch gesehen, vornehmlich dieses zweite, also das wirtschaftliche Risiko der Krankheit. Daher entstand die Krankenversicherung und überhaupt die gesamte Sozialversicherung als „Arbeiterversicherung", wie Rosin sein 1890 erschienenes Werk über die dem damaligen Rechtsdenken so fremde Form staatlicher Sozialpolitik zutreffend nannte.

Inzwischen hat sich aber das Schwergewicht auf den Schutz gegen Krankheit und die Wiederherstellung der Gesundheit wesentlich verlagert. 1951 wurden in der Krankenversicherung rund 65 % der Ausgaben für Krankenpflege, also insbesondere ärztliche Behandlung, Krankenhauspflege, Arzneien, und nur 20 % für Krankengeld verwandt. Das Verhältnis der Ausgaben für Krankenpflege und für Krankengeld ist also heute etwa 3 : 1, 1925 war es etwa 1 : 1 und 1885 war das Verhältnis 3 : 5; das Hauptgewicht lag damals also ganz bei den Barleistungen, während heute das umgekehrte Verhältnis gilt. — Besonders deutlich wird diese Verlagerung des Schwergewichts auf die Krankenpflege bei den A n - g e s t e l l t e n, die ihr Gehalt auch bei Arbeitsunfähigkeit sechs Wochen weiterbeziehen, so daß hier — und bei mehreren Arbeitergruppen bahnt sich tarifrechtlich eine ähnliche Entwicklung an — die Krankenversicherung weitgehend von der Last der Unterhaltssicherung befreit und ganz wesentlich auf die Krankenpflege eingestellt ist.

A c h i n g e r, der auf die gesteigerte Bedeutung der Krankenpflege hinweist[16], nimmt sicherlich mit Recht an, daß die Verschiebung des Schwergewichts der Leistungen innerhalb der Krankenversicherung auf die „Entdeckung" neuer Heilmethoden, also auf die Fortschritte der medizinischen Wissenschaft zurückzuführen ist. Die Zunahme der Ausgaben für Krankenpflege ist also nicht allein durch subjektive Momente, etwa ein stärkeres Heilungsverlangen der Versicherten, sondern durch objektive, von der Krankenversicherung nicht beeinflußbare Faktoren bestimmt, nämlich durch die Zunahme der Möglichkeiten, Krankheiten zu erkennen und zu heilen.

d) Auch die Entwicklung der O r g a n i s a t i o n d e r ä r z t l i c h e n H i l f e und deren Abgeltung gegenüber den Ärzten ist in diesem Zusammenhang bemerkenswert. Die Krankenkassen treten bei der Vergütung der Leistungen nicht mehr, wie in den ersten Jahrzehnten der Krankenversicherung, mit den einzelnen behandelnden Ärzten unmittelbar in Verbindung, sondern bedienen sich statt dessen der Kassenärztlichen Vereinigungen, an die als Gesamtvergütung Kopfpauschale für jeden Versicherten gezahlt werden. Dafür übernimmt die Kassenärztliche Vereinigung, also eine öffentlich-rechtliche Körperschaft, die gesamte ärztliche „Versorgung" der Versicherten und ihrer Familienangehörigen. Der Gesetzgeber (1932) hat ferner den Kassenärztlichen Vereinigungen einen Teil der Funktionen der Versicherungsträger, zwischen Einnahmen und Ausgaben einen Ausgleich zu schaffen, mit übertragen; denn die Kassenärztliche Vereinigung hat gegenüber den Krankenkassen nicht nur die Verpflichtung, die notwendige ärztliche Hilfe für die Versicherten bereitzustellen, sondern sie muß auch dafür eintreten, daß der einzelne Arzt nicht mehr behandelt und an Arzneien verordnet, als für die Krankenpflege objektiv notwendig ist.

e) Alle diese Momente sind bei der Einordnung der Krankenpflege in das System der Sozialversicherung zu berücksichtigen. Das Wesen der

---

[16] *Achinger*, „Soziale Sicherheit" (1953) S. 92.

Krankenpflege als unbeschränkbare Einheitsleistung, die Art ihrer Organisierung und die Abgeltung der Vergütung an die Ärzte deuten darauf hin, daß die Krankenpflege in Wahrheit aus dem System der Versicherungsleistungen herausfällt und mehr einer, allerdings nicht vom Staate erbrachten Versorgungsleistung ähnlich ist. Dafür ist insbesondere anzuführen, daß die Krankenversicherung keine Rücksicht auf ein bei Eintritt in die Versicherung bestehendes Leiden nimmt, daß sie unbegrenzt ärztliche Hilfe gewährt und daß diese Hilfe nicht — im Unterschied zum Versicherungsgedanken — in einem bestimmten Verhältnis zum Beitrag steht. Vielmehr ist die Gewährung von Krankenpflege allein auf den Bedarf des Versicherten abgestellt: Er erhält eben eine ausreichende Krankenpflege, d. h. alle diejenigen ärztlichen Leistungen (sowie Arzneien und Heilmittel), die zur Behandlung und — wenn möglich — zur Heilung der Krankheit notwendig sind. Damit ist die Krankenversicherung zu einer f i n a l e n B e t r a c h t u n g übergegangen, wie sie oben (S. 21) als besondere Eigenart einer Staatsbürgerversorgung aufgezeigt wurde. — Das Abweichen von einer kausalen Betrachtung zeigt sich darin, daß Krankenpflege ohne Rücksicht auf die Ursache der Krankheit gewährt wird. Dieser Grundsatz ist nur insofern durchbrochen, als für einige in bestimmter Weise verursachte Krankheiten die Krankenversicherung durch andere Versicherungen oder Versorgungen ersetzt wird, — so z. B. durch die Unfallversicherung bei Berufskrankheiten und durch die Kriegsbeschädigtenversorgung bei Kriegsleiden. Für alle diejenigen Krankheiten, die nicht zu solchen Sondergruppen zu rechnen sind, wird Krankenpflege ohne Rücksicht auf die Art der Verursachung gewährt, so z. B. auch bei durch Schlägereien oder Raufhändel zugezogene Krankheiten, bei denen das Krankengeld, nicht aber die Krankenpflege, nach § 192 Abs. 1 Satz 2 RVO versagt werden kann. Diese finale Betrachtung ist bei der Krankenpflege auch allein möglich; es wäre nicht sinnvoll, die Leistung der Krankenpflege nach Art und Umfang von einem früheren Verhalten des Versicherten abhängig zu machen; der Versicherte kann den Eintritt oder Nichteintritt der Krankheit nur in geringem Maße beeinflussen. Allerdings besteht die Möglichkeit, während der Krankheit, also nach Eintritt des Versicherungsfalles, die Selbstverantwortung des Versicherten etwa durch Erhebung von Krankenscheingebühren oder durch Arzneikostenbeteiligung zu beeinflussen.

E i n e v e r s i c h e r u n g s m ä ß i g e G e s t a l t u n g (in dem hier dargelegten Sinne der Abhängigkeit von Beitrag und Leistung) b e s t e h t s o m i t i n d e r s o z i a l e n K r a n k e n v e r s i c h e r u n g n i c h t b e i d e r K r a n k e n p f l e g e , s o n d e r n n u r b e i d e n G e l d l e i s t u n g e n , insbesondere beim Krankengeld.

Da die Kosten für Krankenpflege und Krankengeld einheitlich durch die Beiträge zur Krankenversicherung aufgebracht werden, ist auch hinsichtlich der Kosten für Krankenpflege die Möglichkeit gegeben, erhöhte Kosten aus dem Beitragsaufkommen auszugleichen. Darauf beruht auch die oben dargelegte Verschiebung in der Ausgabengestaltung der Krankenversicherung. Während 1885 von den Kosten für Krankenpflege und Krankengeld drei Teile auf die Krankenpflege, fünf dagegen auf das Krankengeld entfielen, werden heute drei Teile für Krankenpflege, dagegen nur ein Teil für Krankengeld verwandt. Es wird also heute ein erheblich höherer Anteil am Beitragsaufkommen für eine Leistung gezahlt, deren Umfang nicht von der Höhe des Beitrages abhängig ist.

f) Der Auffassung, daß der Krankenpflege die Rechtsform einer Versicherungsleistung nicht gemäß ist, könnte mit dem Hinweis auf die private Krankenversicherung begegnet werden, die offensichtlich ihrer Aufgabe, ihren Mitgliedern Krankenpflege zu ermöglichen, gerecht wird. Die private Krankenversicherung stellt aber eine Krankheitskostenversicherung dar. Sie ersetzt also die Krankheitskosten dem einzelnen Versicherten und begrenzt diese Kosten auf vielfältige Art. Dabei kennt sie sowohl Wartezeiten wie auch Begrenzungen des Kostenersatzes durch Höchstsätze für bestimmte Leistungen und schließlich auch eine Aussteuerung. Die Begrenzungen stehen grundsätzlich in Beziehung zu der Höhe des Beitrages. Darüber hinaus staffelt die private Krankenversicherung ihre Beiträge auch nach dem Alter der Versicherten und belastet somit die älteren und im allgemeinen schlechteren Risiken höher. Sie erhebt ihre Beiträge pro Kopf und ist heute fast vollständig von irgendeiner Begünstigung mit Rücksicht auf den Familienstand abgegangen. Schließlich leistet die private Krankenversicherung auch nicht für sogenannte alte Leiden und begrenzt damit die Aufnahme der schlechten Risiken. Es fragt sich, inwieweit gerade durch diese letztere Auslese der Gesunden die soziale Krankenversicherung, die nicht ablehnen kann, mit schlechten Risiken belastet wird. — Eine verschiedenartige rechtliche Regelung bei Erbringung wesentlich gleichartiger Leistungen findet sich auch bei der Gewährung von Wochenhilfe. Die von den Krankenkassen gewährte Wochenhilfe ist nach allgemeiner Ansicht[17] eine Versorgungsleistung, die der Staat zur Fürsorge für die Familie eingeführt hat. Er beteiligt sich an ihr daher auch nach der Regelung des Mutterschutzgesetzes. Aber auch die Privatversicherung kennt die Erstattung der

---

[17] so *Rohrbeck* (unter Hinweis auf Lutz *Richter*): Der Begriff der Sozialversicherung und ihre Abgrenzung zur Versorgung und Fürsorge in „Gegenwartsfragen sozialer Versicherung", S. 26.

Wochenhilfekosten und Beihilfen, die beide allerdings in der Regel nach festen Höchstsätzen bemessen sind.

Auch hier bewirkt also die verschiedene rechtliche Ausgestaltung der auf einen im wesentlichen gleichen Erfolg gerichteten Leistungen (Wochenhilfe) auch die verschiedene Charakterisierung der Leistungen als Versorgungs- oder Versicherungsleistung.

3. Ähnlich wie in der Krankenversicherung hat sich auch i n a n d e r e n V e r s i c h e r u n g s z w e i g e n eine Entwicklung vollzogen, welche die einzelne Leistung in ihrem Charakter verändert hat.

a) Das Versicherungsprinzip kommt nicht nur in der Kalkulation des Versicherungsträgers und beim Ausgleich von Einnahmen und Ausgaben, sondern auch in der einzelnen Rente zum Ausdruck. Hier zeigt es sich in der A b h ä n g i g k e i t d e r L e i s t u n g v o m B e i t r a g. Eine solche Abhängigkeit kann einmal in der Hinsicht bestehen, daß überhaupt Leistungen nur dann gewährt werden, wenn Beiträge gezahlt sind, insbesondere wenn eine bestimmte Anzahl von Beiträgen (Wartezeit in der Rentenversicherung) oder eine gleichmäßige Zahlung von Beiträgen (Anwartschaft) gefordert wird. Aber das Versicherungsprinzip ist erst voll gewahrt, wenn die Höhe der Leistungen unmittelbar von der Höhe der zu zahlenden Beiträge abhängt oder wenn beide nach derselben Bemessungsgrundlage (Grundlohn) bemessen werden. Ist dagegen die Leistung von der Höhe eines früher geleisteten Beitrags unabhängig, so handelt es sich um feste Bestandteile, die im allgemeinen darauf hindeuten, daß hier eine Leistung mit Versorgungscharakter zur Deckung des Bedarfs des Versicherten gewährt wird. — Die folgende Übersicht („Aufstellung A") gibt einen Überblick darüber, w e l c h e L e i s t u n g e n i n i h r e r H ö h e d u r c h d i e B e i t r a g s h ö h e b e e i n f l u ß t werden. Sie gibt auch Auskunft darüber, ob Leistungen mit der Dauer der Beitragszahlung verkoppelt sind, — wie etwa bei der Arbeitslosenunterstützung nach § 99 AVAVG in der Fassung d. Ges. vom 24. 8. 1953.

Aufstellung A

Das Verhältnis von Beitragshöhe und Leistungshöhe in der Sozialversicherung

Vers.-Zweig	Art der Leistung	Abhängigkeit der Leistung von der Beitragshöhe
Kranken-Versicherung	Krankenpflege einschl. Krankenhauspflege	nein
	Krankengeld, ersatzweise Hausgeld und Taschengeld	ja. Bemessungsgrundlage für Beitrag und Leistung ist der Grundlohn
	Wochenpflege	nein
	Wochengeld	ja. Bemessungsgrundlage für Beitrag und Leistung ist der Grundlohn
	Stillgeld	nein

	Familienkrankenpflege	nein
	Sterbegeld	ja. Bemessungsgrundlage für Beitrag und Leistung ist der Grundlohn
	Genesendenfürsorge und vorbeugende Maßnahmen	nein
	Grundbetrag	nein
	Steigerungsbetrag	ja. Bemessungsgrundlage für Beitrag und Leistung ist das Arbeitsentgelt
Renten-versicherungen der Arbeiter u. Angestellten u. Knappsch.-Renten-versicherung	Anpassungszuschlag (n. SVAG)	nein
	Rentenzulage (25 %) nach Rentenzulagegesetz	teilweise: Durch feste Relation zur bisherigen Rente, also auch zum Steigerungsbetrag
	Teuerungszulage	umgekehrtes Verhältnis: Wer infolge geringer Beiträge geringere Rente erhält, bekommt TZ.
	Grundbetragserhöhung	nein
	Kinderzuschläge	nein
	Heilverfahren	nein
	Rentnerkrankenversicherung	nein
außerdem in der Knappsch.-Rentenversich.	Hauerzuschlag	nein
	Knappschaftssold	nein, aber erhöhte Wartezeit
Unfall-versicherung	Sämtliche Sach- und Geldleistungen	es besteht ein anderes Bemessungssystem: Beitrag nach Gefahrenklasse und Gesamtlohnsumme — einheitliche Sachleistungen, Geldleistungen in der Regel nach Jahresarbeitsverdienst
Arbeitslosen-versicherung	Arbeitslosenunterstützung u. Kurzarbeiterunterstützung	ja, aber eingeschränkt: Beitrag und Leistungshöhe bemessen sich nach dem Arbeitsverdienst, jedoch sozialer Ausgleich durch Familienzuschläge; außerdem bemißt sich bei der Arbeitslosenunterstützung die Dauer der Leistung nach der Dauer der versicherungspflichtigen Beschäftigung

Die Aufstellung zeigt, daß lediglich sieben Leistungen durch die Höhe der Beiträge beeinflußt sind, nämlich Krankengeld (ersatzweise Hausgeld), Sterbegeld und Wochengeld in der Krankenversicherung, der Steigerungsbetrag in der Rentenversicherung und — teilweise — die Rentenzulage sowie Arbeitslosen- und Kurzarbeiterunterstützung in der Arbeitslosenversicherung. — Die Sachleistungen der Sozialversicherung dagegen sind ihrer Natur entsprechend von der Höhe der Beitragszahlungen grundsätzlich unabhängig. Eine Zunahme der Sachleistungen würde also eine Einschränkung des Versicherungsprinzips bedeuten. Sie lassen sich auch ihrer Art nach nur schwer in ihrem Umfang beschränken.

Der Einfluß der festen Bestandteile auf die Gesamtrente wird aus der S. 70 beigefügten A u f s t e l l u n g B, Spalte 31 bis 43, deutlich. Hier sind die Prozentsätze ausgerechnet, die sich nach der gegenwärtigen Bemessung der Rente in der Invalidenversicherung aus einer Beitragsleistung von bestimmter, angegebener Dauer und angegebener Höhe, berechnet nach dem Arbeitsverdienst, ergeben. Die festen Bestandteile nehmen einen Prozentsatz von 13 bis 95 % ein; je höher die geleisteten Beiträge sind, desto geringer ist dieser Prozentsatz. Es sei noch angemerkt, daß die Beteiligung des Staates nicht mit dem Prozentsatz der festen Rentenbestandteile übereinstimmt, sondern in zwei besonderen Spalten erfaßt ist (Spalte 51 und 52)[17a].

b) Das Verhältnis von Beitrag und Leistung ist auch noch in anderer Hinsicht für die Entwicklung der Leistungen in der Rentenversicherung bedeutsam. Es hat sich infolge unterschiedlicher Grundbeträge und Steigerungssätze bei übereinstimmender Erhebung der Beiträge in der Rentenversicherung der Arbeiter und Angestellten ergeben, daß die Versicherten der I n v a l i d e n v e r s i c h e r u n g u n d d e r A n g e - s t e l l t e n v e r s i c h e r u n g bei gleich hohen Beiträgen v e r s c h i e d e n h o h e L e i s t u n g e n e r h a l t e n. Hierbei tritt die bekannte Erscheinung auf, daß die Rente für Angestellte mit kurzen Versicherungszeiten und niedrigen Beiträgen über den vergleichbaren Renten der Invalidenversicherung liegt, dagegen die mit langen Versicherungszeiten und hohen Beiträgen von den vergleichbaren Renten der Invalidenversicherung übertroffen wird. Diese Regelung läßt sich ebenfalls aus der Aufstellung B, Spalte 21 und 22, ablesen.

Die v e r s c h i e d e n a r t i g e n L e i s t u n g e n i n A n g e s t e l l - t e n - u n d I n v a l i d e n v e r s i c h e r u n g hängen mit den verschieden hohen Grund- und Steigerungsbeträgen zusammen. Der höhere Grundbetrag wird mit dem unterschiedlichen Berufsschicksal von Angestellten und Arbeitern begründet. Während der Arbeiter bereits in frühen Jahren seine Höchstleistung erzielt, in späteren Jahren dagegen seine Kräfte nachlassen und der Lohn sich dementsprechend hebt und senkt, steigt das Gehalt des Angestellten im allgemeinen mit dem Dienst- und Lebensalter an. Der Angestellte hat daher bei frühzeitiger Invalidität noch nicht sein Höchstgehalt erreicht, er hat entsprechend

---

[17a] Die Aufstellung B geht noch von einem Beitragssatz von 10 v. H. aus, und das Rentenmehrbetragsgesetz vom 14. 10. 1954 ist nicht mehr berücksichtigt. — Über die Bedeutung der festen Rentenbestandteile und der darin enthaltenen Beteiligung des Staates siehe Karl-Heinz *Orda*, BArbBl. 1954, S. 107 ff., S. 613 ff.

geringere Beiträge abgeführt, und er bedarf daher eines Ausgleichs für die später voraussichtlich eintretende Steigerung seines Gehalts; diesen erhält er in Form eines höheren Grundbetrages.

Für die in diesem Gutachten maßgebende Untersuchungsmethode kommt es jedoch vornehmlich auf folgende Erwägung an: Bei einer Darstellung des reinen Versicherungsprinzips würde Bedacht darauf zu nehmen sein, daß die auf Beiträgen beruhenden Leistungen versicherungsgerecht festgesetzt werden. „Versicherungsgerecht festgesetzt" bedeutet aber, daß die Leistungen in ein kalkulationsmäßig bestimmtes Verhältnis zu den Beiträgen gesetzt werden müßten. Diese Kalkulation kann — versicherungsmäßig gesehen — für einheitliche Beiträge nur in einheitlicher Weise erfolgen. Daher ist bei gleichen Beiträgen in Invaliden- und Angestelltenversicherung eine verschiedenartige Bemessung der auf Beiträgen beruhenden Leistungen nicht versicherungsgerecht. Es ist von diesem Standpunkt aus unerheblich, ob die Leistungen der Angestelltenversicherung über oder unter denen der Invalidenversicherung liegen. Hier — bei der versicherungsgemäßen Betrachtung — kann es nur e i n e n versicherungsgerechten Maßstab geben, und es muß den Versicherungsmathematikern überlassen bleiben festzustellen, ob dieser in der Invaliden- oder Angestelltenversicherung oder in keiner von beiden angewandt worden ist. Man mag die verschiedenartige Behandlung von Beiträgen in der Invaliden- und Angestelltenversicherung aus einer gewissen unterschiedlichen sozialen Stellung von Angestellten und Arbeitern rechtfertigen und beibehalten wollen, — sie würde auch wohl bei einer sozialversicherungsgerechten Beurteilung mit Rücksicht auf den sozialen Ausgleich nahe liegen —, versicherungsgerecht ist sie sicherlich nicht.

c) In der Rentenversicherung sind weiterhin mehrere erhebliche Abweichungen vom Versicherungsprinzip festzustellen. Es handelt sich hierbei vor allem um die näheren Regelungen der A n w a r t s c h a f t und der W a r t e z e i t, und zwar besonders um die „Halbdeckung" und die Einräumung von Ersatzzeiten sowie schließlich noch um die Mindestrenten. Die Wartezeit hat den Zweck, Kapital für eine bestimmte spätere Rentenleistung aufzuspeichern. Die Anwartschaftsvorschriften sollen dem gleichmäßigen Eingang der Beiträge dienen; sie bringen zumindest für die Versicherungsb e r e c h t i g t e n eine stärkere Notwendigkeit zu versicherungsmäßigem Denken mit sich und stellen in dieser Begrenzung doch ein wesentliches Element der Selbstvorsorge dar: Es ist in die freie Entscheidung des Versicherten gestellt, ob er in Zeiten der Versicherungsfreiheit seine Anwartschaften durch freiwillige Versicherung aufrecht erhalten, — also durch aus eigener Entschließung gebrachte Opfer seine und seiner Familie künftige Versorgung sicherstellen will. — Von versicherungsmäßigen Prinzipien geht auch die Wartezeit aus, doch sind diese Prinzipien bei der Anwartschaft und der Wartezeit häufig durchbrochen worden.

Hier können nur die wichtigsten Eingriffe des Gesetzgebers aufgezeigt werden. Es ist dies vor allem die in § 4 des Sozialversicherungsanpassungsgesetzes vorgesehene Regelung, wonach Anwartschaften seit der Inflation bis Ende 1948 erhalten geblieben sind, sofern der Versicherungsfall nach dieser Zeit eintritt. Damit ist hinsichtlich der Anwartschaft das Versicherungsprinzip für mindestens 25 Jahre rückwirkend außer Kraft gesetzt worden. Für die Zukunft ist besonders die Möglichkeit der Halbdeckung bedeutsam, die besagt, daß zur Erhaltung der Anwartschaft vom erstmaligen Eintritt in die Versicherung bis zum Versicherungsfall nur die Hälfte der Zeit mit Beiträgen belegt zu sein braucht. Daraus ergibt sich regelmäßig für denjenigen Versicherungsberechtigten, der sich errechnet, bis zu welchem künftigen Zeitpunkt seine Anwartschaft durch frühere Beitragsleistung auf Grund der Halbdeckung erhalten ist, die Möglichkeit einer erheblichen Einsparung von Beiträgen zuungunsten der Rentenversicherung.

Anwartschaft und Wartezeit sind weiterhin durch die Regelung über die E r s a t z z e i t e n aufgelockert worden. Die Ersatzzeiten wirken teils nur anwartschaftserhaltend, teils aber auch rentensteigernd. Diese letztere günstigere Art ist vor allem für solche Zeiten gewählt worden, in denen die Versicherten durch staatspolitische Aufgaben an der Beitragszahlung gehindert waren[18], so vor allem für die Zeiten der Teilnahme am ersten und zweiten Weltkrieg, — nicht dagegen für die Zeiten der Arbeitslosigkeit. Die Zulassung von Ersatzzeiten ist deswegen — vom Standpunkt der Versicherung gesehen — bedenklich, weil hier die Kalkulation des Versicherungsträgers gestört wird; denn für die rentenerhaltenden und für die rentensteigernden Ersatzzeiten wird nicht in allen Fällen eine Ersatzzahlung (durch den Staat) gewährt. Solche Ersatzzahlungen müssen notwendigerweise pauschal erfolgen, so daß auch insofern ein Verhältnis zwischen dem Beitrag des einzelnen und der späteren Leistung nicht mehr gegeben ist.

Die Regelungen über W a r t e z e i t , A n w a r t s c h a f t und E r - s a t z z e i t e n sind Musterbeispiele für die f a l l w e i s e G e s t a l - t u n g d e s S o z i a l v e r s i c h e r u n g s r e c h t s , die der Gesetzgeber häufig angewandt hat. Zu einer solchen fallweisen Betrachtung zwangen oft politische Umstände. Dabei mußte zwangsläufig das sozialpolitische Ziel der Sozialversicherung, für die Versicherten als Gruppe (Versicherungsgemeinschaft) eine eigene Sicherung zu schaffen, zurücktreten. Rückschauend erscheint es jedenfalls bei versicherungsmäßiger Betrachtung nicht sinnvoll, wenn etwa Ersatzzeiten teils rentenstei-

---

[18] Vgl. *Dersch*, „Grundriß der gesetzlichen Rentenversicherung" (1952) S. 161 ff.

gernde, teils nur anwartschaftserhaltende Wirkung haben, oder wenn bis Ende 1948 aus fast jedem Beitrag die Anwartschaft erhalten ist, dagegen ab 1949 nicht mehr; das Versicherungsprinzip würde eine einheitliche, allein die tatsächlich geleisteten Beiträge berücksichtigende Regelung erfordern. Dabei wird nicht verkannt, daß der Verlust von Rentenansprüchen wegen Nichterhaltung der Anwartschaft oft hart und ungerecht erscheint.

Eine ähnliche Abweichung vom Versicherungsprinzip ergibt sich durch die M i n d e s t r e n t e und durch die anderen f e s t e n R e n t e n - b e s t a n d t e i l e. Hier hat hat der Gesetzgeber — wie schon angedeutet — die Deckung des Bedarfs des Versicherten und die Angleichung an eine verteuerte Lebenshaltung zum Ausgangspunkt genommen, nicht aber eine versicherungsmäßige Gestaltung. Es muß allerdings darauf hingewiesen werden, daß Mindestrenten seit Einführung der Sozialversicherung bestanden haben, weil nämlich durch die Erfüllung der Wartezeit in Verbindung mit dem Grundbetrag immer eine bestimmte Mindesthöhe der Rente erreicht wurde.

III. Z u s a m m e n f a s s u n g

Das Ergebnis des vorstehenden ersten Abschnitts kann dahin beschrieben werden, daß die Institution der Sozialversicherung in der Rechtswirklichkeit vielfach eine andere Gestaltung zeigt, als sie dem am Anfang unserer Ausführungen entwickelten Rechtsbegriff der Sozialversicherung entsprechen würde. Das wurde unter ständiger Verwendung der Maßstäbe des Versicherungs-, Versorgungs- und Fürsorgeprinzips nachgeprüft und darzustellen versucht. Faßt man die Ergebnisse der einzelnen Untersuchungen zusammen, so läßt sich feststellen, d a ß d i e S o z i a l v e r s i c h e r u n g s i c h v o m V e r - s i c h e r u n g s p r i n z i p h i n w e g a u f d e m W e g e z u r V e r - s o r g u n g b e f i n d e t. Das konnte besonders an der Rentenversicherung und an der Krankenpflege in der Krankenversicherung nachgewiesen werden. In diesen beiden Bereichen bestehen auch in der Praxis die meisten Schwierigkeiten, während die Unfallversicherung und die Arbeitslosenversicherung auch in der öffentlichen Diskussion im Grundsätzlichen weniger beanstandet werden. Deren Problematik liegt — ebenso wie diejenige der Sonderversorgungen und der Fürsorge — im wesentlichen in dem Zusammenhang begründet, in dem sie mit anderen Leistungsarten stehen. Diesen Fragen des Systems der öffentlichen sozialen Leistungen und der Veränderung des Gesamtbildes der sozialen Sicherung durch eine verwirrende Vielfalt von Leistungen sind die folgenden Darlegungen gewidmet.

Aufstellung B (Zu Seite 66)

Vergleich der Renten aus den Rentenversicherungen der Arbeiter und Angestellten bei gleichen Beiträgen. — Die Zusammensetzung der Renten der Invalidenversicherung nach festen und von einer Beitragszahlung abhängigen Bestandteilen. Die angeführten typischen Beispiele gehen vom derzeitigen Stand de r Gesetzgebung aus (April 1954).

1. Bei im Laufe eines Arbeitslebens entrichteten Beiträgen in Höhe von .... Diese Beiträge entsprechen einem durchschnittlichen monatl. Arbeitsverdienst	DM 600,—	1800,—	3350,—	5400,—	9000,—	14 400,—	18 000,—	270,— (AV)*) 260,— (IV)	810,— (AV)*) 780,— (IV)
11) von DM .... in Jahren	100,— 5	100,— 15	92,50 30	100,— 45	250,— 30	400,— 30	500,— 30	60 Beitragsmonate	180 Beitragsmonate
12) von DM .... in Jahren	— —	300,— 5	185,— 15	300,— 15	500,— 15	600,— 20	750,— 20	Kl. II AV	Kl. II AV
13) von DM .... in Jahren	— —	200,— 7½	—	600,— 7½	750,— 10			260 Beitragswochen	780 Beitragswochen
14) von DM .... in Jahren				150,— 30				Kl. II IV	Kl. II IV

2. betragen die Renten (ohne Kinderzuschuß)									
21) in der Angestelltenversicherung	66,—	80,—	95,70	108,30	134,50	176,—	199,50	62,50	68,—
22) in der Invalidenversicherung	58,—	58,—	78,—**)	107,—	153,—	219,50	265,—	58,—	58,—

3. Die Gesamtrente der Invalidenversicherung setzt sich zusammen aus:	DM	%	DM	%	DM	%	DM	%	DM	%	DM	%	DM	%	DM	%	DM	%
31 Grundbetrag	13,—	22	13,—	22	13,—	16,6	13,—	12	13,—	8	13,—	6	13,—	5	13,—	22	13,—	22
32 Steigerungsbetrag	7,—	12	18,—	31	33,50	43	54,—	50	90,—	60	144,—	65	180,—	67	7,—	12	9,40	17
33 Anpassungszuschlag	30,—	52	19,—	33	15,—	19	15,—	14	15,—	10	15,—	8	15,—	6	30,—	52	27,60	47
34 Rentenzulage	—		—		11,50	15	20,—	19	30,—	19	42,50	19	52,50	20	—		—	
35 Teuerungszulage	3,—	5	3,—	5	—		—		—		—		—		3,—	5	3,—	5
36 Grundbetragserhöhung	5,—	9	5,—	9	5,—	6	5,—	5	5,—	3	5,—	2	5,—	2	5,—	9	5,—	9

4. Von der Gesamtrente sind									
41 echter Versicherungsanteil (Steigerungsbeträge)	12 %	31 %	43 %	50 %	60 %	65 %	67 %	5 %	17 %
42 vom Beitrag unabhängige, feste Bestandteile	88 %	69 %	41,6 %	31 %	21 %	16 %	13 %	95 %	83 %
43 Rentenzulage (gemischt)	—	—	15 %	19 %	19 %	19 %	20 %	—	—

5. Von der Gesamtrente tragen									
51 die Invalidenversicherung	64 %	64 %	62,4 %	64 %	70 %	73 %	73 %	64 %	64 %
52 der Bund	36 %	36 %	37,6 %	36 %	30 %	27 %	27 %	36 %	36 %

*) Beitragsklassen für Selbstversicherung (im Zeitpunkt der Erfüllung der Wartezeit für Invaliden- bzw. Altersrente). **) Durchschnittsrente der Invalidenversicherung im Jahre 1952, vgl. „Sozialversicherung und Arbeitslosenversicherung in der Bundesrepublik Deutschland", hrsg. vom Bundesarbeitsministerium, DAG-Schriftenreihe, Heft 21, S. 35.

Zweiter Abschnitt

Das System der öffentlichen sozialen Leistungen

I. Übersicht über das Leistungssystem

A. Die Fragestellung

Bestrebungen, eine Umwandlung der Sozialversicherung etwa in eine Einheitsversicherung oder eine allgemeine Staatsbürgerversorgung herbeizuführen, beruhen oft auf einer Kritik an den derzeitigen Formen der Leistungsgewährung und der Organisation der Sozialversicherung. Dabei wird vielfach

auf die Unübersichtlichkeit der Rechtsordnung auf dem Gebiete der Sozialversicherung,

auf die doppelte Gewährung von Leistungen an eine Person durch verschiedene Versicherungs- und Versorgungsträger und auf die doppelte Ablehnung von Versicherungsansprüchen,

auf die durch die Vielzahl von Versicherungs- und Versorgungsträgern bedingte Höhe der Verwaltungskosten

hingewiesen.

Die Höhe der Verwaltungskosten sollte bei Erörterungen über eine Reform der Sozialversicherung nicht in den Vordergrund der Betrachtungen gestellt werden; denn noch so geringe Verwaltungskosten können nicht Mängel der Leistungen aufheben, wie andererseits eine gute Verwaltung einer schlechten auch dann vorzuziehen ist, wenn sie mehr kostet. Zudem könnte auch eine Verwaltungsreform a l l e n - f a l l s zu einer Kosteneinsparung von wenigen Prozenten der Gesamtausgaben führen.

Auch die Organisation der Versicherungs- und Versorgungsträger sollte erst in zweiter Linie einer Kritik unterzogen werden; denn auch dieses oft so heiß umstrittene Problem verliert an Bedeutung, wenn das materielle Recht der sozialen Sicherheit inhaltlich befriedigend und nach einheitlichen und einfachen Grundsätzen gestaltet ist. Die Frage nach der bestmöglichen Organisation der Versicherungs- und Versorgungsträger sollte auch weniger unter dem Gesichtspunkt der rechtstechnisch besten Lösung als unter dem einer sinnvollen Ordnung und der in ihr verkörperten Werte beantwortet werden (zur Organisationsfrage vgl. auch unten S. 92, 93).

Dagegen ist es für die sozialpolitische Wirksamkeit eines Sicherungssystems von ausschlaggebender Bedeutung, ob der Beitragseinzug und besonders die Erbringung von Leistungen übersichtlich und allgemein verständlich geregelt sind, so daß jedermann seine Pflichten und Rechte kennt und daher auch die Durchführung der Gesetze und damit die soziale Sicherung tatsächlich gewährleistet sind. Es ist daher sicherlich von Wichtigkeit zu prüfen, ob jener Vorwurf, das derzeitige System sei allzu unübersichtlich, zutrifft. — Dabei kann von der allgemein als richtig anerkannten Ansicht ausgegangen werden, daß das Beitragsrecht zwar in vielen Einzelheiten klarer gefaßt sein könnte, im ganzen aber doch den genannten Anforderungen entspricht, so daß im Grundsätzlichen eine Änderung nicht erforderlich ist. Das Leistungsrecht dagegen bedarf einer besonderen Erörterung.

B. Einteilung der öffentlichen sozialen Leistungen

Die Leistungen der Sozialversicherung, Versorgung und Fürsorge in der Bundesrepublik werden
1. zum Ausgleich verschiedener Risiken oder Schäden,
2. darüber hinaus in verschiedenen Versicherungs- und Versorgungszweigen, Sonderversorgungen und von der Fürsorge,
3. innerhalb dieser Zweige an verschiedene Personengruppen und
4. in verschiedenartiger Weise
gewährt.

1. Sozialversicherung, Versorgung und Fürsorge gewähren Leistungen zum Ausgleich folgender R i s i k e n oder S c h ä d e n:
Alter,
Tod,
Krankheit,
Unfall,
sonstige Minderung der Erwerbsfähigkeit (Invalidität, Berufsunfähigkeit),
Niederkunft,
Arbeitslosigkeit,
Kriegsbeschädigung,
Armut (Hilfsbedürftigkeit),
Existenz- oder Vermögensverlust (LAG).
2. Leistungen zum Ausgleich von vielfach in ihrer Auswirkung g l e i c h a r t i g e r   S c h ä d e n werden von folgenden Zweigen der Sozialversicherung und von Sonderversorgungen gewährt:
Invalidenversicherung,
Angestelltenversicherung (auch Altersversorgung des deutschen Handwerks),
Knappschaftsversicherung,

Krankenversicherung,

Unfallversicherung,

Arbeitslosenversicherung und -fürsorge,

Lastenausgleich,

Bundesversorgung für Kriegsbeschädigte und Kriegshinterbliebene,

Heimkehrerversorgung,

Bundesentschädigung für politisch Verfolgte,

Sonderversorgung des Bundes für Wochenhilfeleistungen (Mutterschutzgesetz).

Die Leistungen der einzelnen Versicherungszweige und der Sonderversorgungen beschränken sich nicht auf eine Leistungsart, sie schützen gegen verschiedene Risiken. So gewährt z. B. die Unfallversicherung folgende Geldleistungen und schützt dadurch gegen f o l g e n d e R i s i k e n (gesperrt gedruckt):

Unfallteilrente bei durch Arbeitsunfall oder Berufskrankheit g e - m i n d e r t e r   E r w e r b s f ä h i g k e i t,

Unfallvollrente bei durch Arbeitsunfall oder Berufskrankheit bedingter v o l l e r   E r w e r b s u n f ä h i g k e i t,

Witwenrente

Witwerrente ⎫ bei T o d des Ernährers (durch Arbeitsunfall

Waisenrente ⎰ oder Berufskrankheit)

Verwandtenrente

Übergangsrente zum Ausgleich einer durch Berufskrankheit hervorgerufenen M i n d e r u n g   d e r   E r w e r b s f ä h i g k e i t,

Unfallkrankengeld für durch Arbeitsunfall hervorgerufene A r - b e i t s u n f ä h i g k e i t;

die Leistungen werden auch im A l t e r (über 65 Jahre) gewährt.

3. Innerhalb der Versicherungszweige und Sonderversorgungen haben die jeweils erfaßten Personengruppen eine u n t e r s c h i e d l i c h e R e c h t s s t e l l u n g gegenüber dem Träger der Versicherung oder Versorgung; so werden in der Sozialversicherung unterschieden:

die Pflichtversicherten,

die freiwillig Versicherten,

die Familienangehörigen (bei Anspruchsberechtigung der Versicherten selbst).

In der Krankenversicherung werden für folgende 24 Personengruppen (mit unterschiedlicher Rechtsstellung) Leistungen gewährt:

1. Pflichtversicherte,
2. deren Familienangehörige,
3. freiwillige Versicherte
   a) Weiterversicherte,
   b) Selbstversicherte,

4. deren Familienangehörige,
5. Rentner,
6. deren Familienangehörige,
7. Arbeitslose,
8. deren Familienangehörige,
9. Zugewiesene,
10. deren Angehörige,
11. Übernommene,
12. deren Angehörige,
13. politisch Verfolgte,
14. deren Angehörige,
15. Heimkehrer,
16. Angehörige von Heimkehrern,
17. Unfallverletzte und Berufskranke,
18. Kriegsbeschädigte bis 50 %,
19. Kriegsbeschädigte über 50 %,
20. deren Angehörige,
21. Kriegshinterbliebene,
22. Unterhaltshilfeempfänger,
23. deren Angehörige,
24. „Bestattungsbesorger" (§ 203 RVO).

Diese Personengruppen erhalten von oder über die Krankenversicherung Krankenpflege einschließlich Krankenhauspflege, nicht jedoch alle Krankengeld; die einzelnen Leistungen innerhalb der Krankenpflege weichen nur geringfügig voneinander ab.

Eine starke Differenzierung der Berechtigten mit verschiedenartigen Leistungen kennt das B u n d e s v e r s o r g u n g s g e s e t z ; es unterscheidet nämlich zwölf Arten von Berechtigten:

Beschädigte bis 24 % Minderung der Erwerbsfähigkeit,
Beschädigte von 25 bis 49 % Minderung der Erwerbsfähigkeit,
Beschädigte ab 50 % Minderung der Erwerbsfähigkeit,
Beschädigte mit dauernder Pflegebedürftigkeit,
hilflose Beschädigte,
Witwen,
Waisen und
Witwer von Beschädigten,
Eltern oder Großeltern eines Beschädigten,
„Bestattungsbesorger" (§ 36 Abs. 2 BVG),
Angehörige von Beschädigten ab 50 % Minderung der Erwerbsfähigkeit,
Pflegepersonen.

4. Die L e i s t u n g e n der Sozialversicherung und der Sonderversorgungen bestehen teils in Geldleistungen, und zwar einmaligen oder laufenden, teils in Sachleistungen.

Es gibt etwa 40 v e r s c h i e d e n e A r t e n v o n l a u f e n d e n G e l d l e i s t u n g e n (vgl. die Übersicht über die Kumulierung von Leistungen in Tabelle I) und e t w a 15 e i n m a l i g e G e l d l e i s t u n g e n. Von den letzteren sind zu nennen:

in der Invalidenversicherung,
der Angestelltenversicherung und
der Knappschaftsversicherung: die Rückerstattung bzw. Beitragserstattung (soweit nicht suspendiert);
in der Unfallversicherung: Rentenabfindungen und Sterbegeld;
in der Krankenversicherung: Sterbegeld;
in der Arbeitslosenversicherung: Reisekosten, Umzugskosten, Darlehen für Arbeitsausrüstung, Überbrückungsbeihilfen;
in der Bundesversorgung: Bestattungsgeld beim Tode eines Beschädigten oder Hinterbliebenen, Bezüge für das Sterbevierteljahr, Kapitalabfindung des Beschädigten;
nach dem Lastenausgleichsgesetz: Hausratsentschädigung, Hauptentschädigung, Sterbegeld der Krankenversicherung.

Unter S a c h l e i s t u n g e n versteht man solche Leistungen der Versicherung oder Versorgung, bei denen der Versicherte einen Anspruch nicht auf einen bestimmten Geldbetrag, sondern auf die Gewährung einer bestimmten Leistung in natura hat. Es gibt etwa 20 Sachleistungen. Dazu gehören:

In der Invalidenversicherung,
Angestelltenversicherung und
Knappschaftsversicherung: Heilverfahren, vorbeugende Maßnahmen;
in der Unfallversicherung: Krankenbehandlung, Berufsfürsorge, Wiederherstellung oder Ersatz eines unfallbeschädigten Körperersatzstückes;
in der Krankenversicherung: Krankenpflege, Wochenhilfe, Genesendenfürsorge, vorbeugende Maßnahmen;
in der Arbeitslosenversicherung: Arbeitsvermittlung und sonstige Maßnahmen zur Behebung oder Beendigung der Arbeitslosigkeit, insbesondere Fortbildung und Umschulung, sowie Zuweisung von Notstandsarbeiten;
in der Bundesversorgung: Versorgungsheilbehandlung, soziale Fürsorge (§ 25 BVG), Berufsförderung (Fortbildung und Umschulung), Krankenpflege an Angehörige von Beschädigten mit mehr als 50 % Minderung der Erwerbsfähigkeit,
im Lastenausgleichsgesetz: Krankenpflege.

II. Die Kumulierung von Leistungen

Bei solcher Vielfalt von Versicherungszweigen und Sonderversorgungen, beteiligten Personengruppen und möglichen Leistungen kann es nicht Wunder nehmen, daß mehrere Leistungen gleichzeitig einer Person gewährt werden.

A. Untersuchungsmethoden

1. Solche Kumulierungen stellen an sich keineswegs einen Verstoß gegen einen sinnvollen Aufbau der sozialen Leistungen dar, sondern ergeben sich zwangsläufig aus der kausalen Betrachtung, die bei Schaffung der Sozialversicherung und der Versorgungen angewandt wurde; denn nach dieser Betrachtung stellt die Leistung einen Ausgleich für einen speziellen Schaden dar, der wegen der Ursache dieses Schadens und mit Rücksicht darauf ausgeglichen wird, so etwa die Versorgungsrente wegen der Kriegsbeschädigung, die Unfallrente wegen eines Arbeitsunfalles usw. Erleidet eine Person mehrere solcher einen Anspruch begründenden Schäden, so ist es nach dieser kausalen Betrachtung an sich nur gerechtfertigt, daß jeder dieser Schäden gesondert beurteilt und gesondert ausgeglichen wird. Auch bei den Versicherungsleistungen läßt sich eine solche kausale Betrachtung feststellen; denn hier wird jede Leistung mit Rücksicht auf Beiträge gewährt, die vorher zum Ausgleich eines späteren, bestimmt abgegrenzten Versicherungsfalles geleistet worden sind.

Erst wenn solche Kumulierungen verschiedener Leistungen aus verschiedenen Versicherungszweigen oder Versorgungen infolge der Zunahme der Leistungsarten sich häufen und auch infolge der tatsächlichen Zunahme von Schadensfällen die Zahl der Empfänger mehrfacher Leistungen ansteigt, stellt sich die Frage, ob das System der sozialen Leistungen insgesamt nicht einer Korrektur bedarf, — obwohl jede einzelne Leistung für sich betrachtet nach wie vor gerechtfertigt erscheinen mag. Das vielfache Auftreten von Doppelleistungen und mehrfachen Leistungen legt die Vermutung nahe, daß diese Leistungsarten nicht sinnvoll koordiniert sein könnten, zumal — vom Bedarf her gesehen — jede einzelne offenbar nicht ausreicht, den betreffenden Schaden in angemessener Höhe auszugleichen und einen Mindeststandard sozialer Sicherheit zu garantieren.

2. Das Urteil über das System mehrfacher sozialer Leistungen hängt also von dem Umfang ab, in dem Kumulierungen von Leistungen auftreten.

a) In den letzten Jahren sind zwei Erhebungen bekannt geworden, die die Zahl der Empfänger mehrfacher Leistungen und den Umfang dieser Leistungen feststellen sollten (Prof. M a c k e n r o t h und Prof. N e u n d ö r f e r). Diese Repräsentativuntersuchungen wollten — ebenso wie die zur Zeit beginnende Sozialenquête des Statistischen Bundesamtes (vgl. die Verordnung über die Durchführung einer einmaligen Statistik über die sozialen Verhältnisse der Rentner und Unterstützungsempfänger vom 12. 8. 1953, BAnz. Nr. 156)[19] — ausschnittweise die tatsächlichen Einkommensverhältnisse erfassen.

Die folgende Untersuchung verfolgt einen anderen Weg. Sie sucht festzustellen, w e l c h e M ö g l i c h k e i t e n d e r K u m u l i e r u n g v o n L e i s t u n g e n i n d e m g e g e n w ä r t i g e n S y s t e m d e r s o z i a l e n S i c h e r u n g g e g e b e n s i n d. Sie geht dabei von der rechtlichen Regelung aus, wie sie in Gesetzen, Verordnungen und — gelegentlich — auch in Verwaltungsvorschriften enthalten ist, und prüft auch gleichzeitig, ob und in welcher Weise die Rechtsordnung ausdrücklich oder stillschweigend, generell oder nur für einzelne Fälle das Zusammentreffen von Leistungen in einer Person geregelt hat. Dabei kann es sich ergeben, daß die Leistungen ohne Minderung nebeneinander gewährt werden, daß eine oder beide gekürzt oder zum Ruhen gebracht werden, daß die eine auf die andere angerechnet wird usw.; auch die Fälle der Wanderversicherung (vgl. RVO §§ 1544 ff) sind dabei erfaßt.

Im Gegensatz zu den oben erwähnten Erhebungen kann die Untersuchung unmittelbar nicht aussagen, ob diese Kumulierungsfälle auch tatsächlich vorkommen, sie steckt aber den Rahmen ab, den eingehendere Repräsentativerhebungen ausfüllen, jedoch nicht überschreiten können, und gibt das rechtliche Gerüst, das jede Repräsentativerhebung über die tatsächlichen Verhältnisse benötigt.

b) Die vorliegende Untersuchung gibt annähernd erschöpfende Auskunft darüber, ob zwei Leistungen — vorausgesetzt, daß die Zubilligung jeder einzelnen Leistung zu Recht erfolgt — überhaupt miteinander konkurrieren können, oder ob ihre Voraussetzungen derart voneinander abweichen, daß eine Person zwei solche Leistungen nicht erhalten kann. So könnte z. B. eine Waise, die eine Waisenrente aus der Invalidenversicherung erhält, im Regelfall[20] nicht gleichzeitig eine Rente aus eigener Rentenversicherung beanspruchen, weil die Wartezeit für die letztere mindestens fünf Jahre beträgt und die Waisenrente aus der Invalidenversicherung nur bis zum 18. Lebensjahr

---

[19] Nach Abschluß des Gutachtens veröffentlichte das Statistische Bundesamt die ersten Ergebnisse der Erhebungen, Wirtschaft u. Statistik 1954 Heft 12 und 1955 Heft 2, S. 61 ff., dazu Bundesarbeitsblatt 1955, Nr. 3 S. 76 ff.; die Ergebnisse einer Erhebung des Verbandes der Rentenversicherungsträger sind in der „Statistik der deutschen Invaliden- u. Angestelltenversicherung", Bd. 1, Juli 1954 veröffentlicht.

[20] Ausnahmen § 1263 a RVO.

gewährt wird (§ 1258 RVO). — Dagegen kann die Waise wohl eine zweite Rente aus der Unfallversicherung beziehen, die teilweise angerechnet würde (§ 1274 RVO). Solche und ähnliche Fälle sind in der vorliegenden Untersuchung erfaßt. Die Untersuchung könnte grundsätzlich auf alle öffentlichen Leistungen der sozialen Sicherung erstreckt werden; praktisch bedeutsam ist jedoch lediglich die Kumulierung von laufenden Leistungen. Daher sind nur zwei Übersichten angefertigt, die sich

a) mit der Kumulierung von laufenden Geldleistungen zum Zwecke des Lebensunterhalts und

b) mit der Kumulierung von Ansprüchen auf Krankenpflege zur Wiederherstellung der Gesundheit befassen.

B. Die Kumulierung von laufenden Geldleistungen (Tabelle I)

1. Die T a b e l l e I[21] stellt ein Koordinaten-System dar, in dem die Leistungen nach dem Dezimal-System aufgeführt sind. In der Tabelle sind 46 Leistungen erfaßt, die teilweise in ihre verschiedenen Bestandteile aufgegliedert sind. Insgesamt sind für die verschiedenen Leistungen (oder Teilleistungen) 64 Spalten eingerichtet.

a) Es sind lediglich die G e l d leistungen aus Versicherung, Versorgung und Fürsorge berücksichtigt. Es fehlen daher in der Aufstellung alle solche Leistungen, die von Versicherungs- oder Versorgungsträgern gewährt werden, aber nicht in Geld bestehen, also die sogenannten Sachleistungen, wie z. B.

die Arbeitsvermittlung der Bundesanstalt für Arbeitslosenvermittlung und Arbeitslosenversicherung,

die vorbeugende Gesundheitspflege der Renten- und Krankenversicherung,

die Berufsfürsorge in der Unfallversicherung (vgl. die Aufstellung oben I B 4).

b) Von den Geldleistungen sind lediglich die l a u f e n d e n Zahlungen erfaßt. Dementsprechend sind nicht berücksichtigt die einmaligen Leistungen, wie

das Sterbegeld in der Krankenversicherung,

die Hausratentschädigung im Lastenausgleichsgesetz,

die Beihilfen in der Arbeitslosenversicherung und -fürsorge,

die Unterstützung zur Aufnahme der Arbeit in der Arbeitslosenversicherung und -fürsorge,

die einmalige Heimkehrerunterstützung (vgl. die Aufstellung oben S. 75).

---

[21] Siehe die Tabelle unter dem Buchdeckel.

c) Von den laufenden Geldleistungen sind auch nur die H a u p t -
leistungen angeführt. Daher scheiden die Ersatzleistungen aus; sie
werden lediglich — wie der Name schon sagt — als Ersatz für eine
andere Leistung gewährt, so z. B.

Taschengeld und Hausgeld in der Krankenversicherung an Stelle von
Krankengeld,

Kapitalabfindungen nach dem Bundesversorgungsgesetz, in der Rentenversicherung und in der Unfallversicherung an Stelle der Renten.

d) Es sind weiter nur solche Leistungen berücksichtigt, die dem
Z w e c k e   d e s   L e b e n s u n t e r h a l t e s dienen. So sind im allgemeinen nicht aufgeführt alle Leistungen, die zur Abdeckung eines
besonderen Bedarfs gedacht sind, wie z. B.

die Pflegezulagen in der Unfallversicherung (wohl aber die nach dem
Bundesversorgungsgesetz, — wegen ihrer besonders großen Bedeutung), das Stillgeld in der Krankenversicherung.

Hiervon abgesehen sind die laufenden Geldleistungen ohne Rücksicht
auf ihre Quelle und ihren speziellen Grund erfaßt worden. Dementsprechend sind in die Tabelle aufgenommen sowohl Leistungen zum
Ausgleich der Arbeitsunfähigkeit (Krankengeld), der Berufsunfähigkeit
(Renten), als auch zum Ausgleich der mangelnden Arbeitsgelegenheit
(Arbeitslosenunterstützung und -fürsorge). Auch Ausbildungsbeihilfen,
soweit sie zum Zwecke des laufenden Lebensunterhalts gewährt werden, sind in der Tafel mit aufgeführt. Lediglich einzelne Versorgungs-
zweige, deren Bedeutung im allgemeinen zurücktritt, sind aus Raum-
gründen nicht erwähnt, so z. B.

die Unfallfürsorge für Gefangene nach dem Gesetz vom 30. 6. 1900
(mit Änderungen, vgl. Eckert-Sauerborn, Soz.Vers.Ges., Bd. II, S. 406),
die betrieblichen Altersbeihilfen nach den Richtlinien vom 17. 10.
1951, BABl. S. 468,

die Leistungen aus dem Bundesergänzungsgesetz zur Entschädigung
für Opfer der nationalsozialistischen Verfolgung vom 18. 9. 1953 i. V.
mit dem Gesetz des Wirtschaftsrates vom 22. 8. 1949 (WiGBl., S. 263),
die Besatzungsschadenrenten nach dem Gesetz der AHK, Sammel-
blatt 1952, S. 255, Nr. 47 u. DVO Nr. 1 vom 6. 2. 1952,

die Unterhaltsbeihilfen für Angehörige von Kriegsgefangenen nach
dem Ges. v. 30. 4. 1952 (BGBl. I S. 362).

Die A l t e r s v e r s o r g u n g   f ü r   d a s   d e u t s c h e   H a n d w e r k
ist in der Tabelle nicht ausdrücklich aufgeführt. Da die Leistungen aus
der Altersversorgung denjenigen der Angestelltenversicherung entsprechen, erübrigen sich besondere Angaben. Aus einem ähnlichen
Grunde wurde auch die mögliche Steigerung von Renten nach dem
G e s e t z   ü b e r   d i e   H ö h e r v e r s i c h e r u n g   i n   d e n   R e n t e n -

v e r s i c h e r u n g e n der Arbeiter und Angestellten vom 14. 3. 1951 (BGBl. I S. 188) nicht besonders erwähnt.

Die Leistungen aus der B e a m t e n v e r s o r g u n g, insbesondere nach dem Gesetz zur Ausführung des Art. 131 GG (i. d. F. d. Ges. vom 1. 9. 1953, BGBl. I S. 1287) sind hier — wie meistens auch in den anderen Abschnitten dieser Schrift — nicht berücksichtigt, obwohl gerade die Beamtenversorgung ähnliche Züge wie das Recht der öffentlichen sozialen Leistungen aufweist. Gerade die Gesetze zu Art. 131 GG enthalten eine Vielzahl von Anrechnungsbestimmungen. Ausschlaggebend für die Außerachtlassung der Beamtenversorgung bei Aufstellung der Tabelle war die Überlegung, daß es sich bei ihr um Leistungen des Staates in seiner Eigenschaft als früherer Arbeitgeber handelt und somit der innere Grund der Leistungen andersartig ist.

Von den Leistungen der F ü r s o r g e sind nur diejenigen der besonderen Fürsorge aufgenommen, also solche, die nach dem Gesetz vom 20. 8. 1953 (§ 11 b der Reichsgrundsätze) an alte Personen oder Schwererwerbsbeschränkte gewährt werden. Die Leistungen der allgemeinen Fürsorge weichen hinsichtlich der Voraussetzungen und der Art der Bemessung der Leistungen nicht grundsätzlich von jenen ab; sie wurden aus diesem Grunde nicht besonders aufgeführt.

Als Ergänzung ist weiter eine Spalte angefügt, aus der der Einfluß von p r i v a t e m E i n k o m m e n, insbesondere Arbeitseinkommen, auf die öffentlichen sozialen Leistungen zu ersehen ist. Die Regelung dieser Frage greift über die Problematik einer sinnvollen Zuordnung der sozialen Leistungen zueinander hinaus und betrifft u. a. das Problem einer Beeinträchtigung und einer Verstärkung des Arbeitswillens der Versicherten und Versorgten.

f) Die Tabelle zeigt die Kumulierung solcher Geldleistungen, die f ü r e i n e P e r s o n gewährt werden. Aus der Tabelle läßt sich also nicht ersehen, wie das Einkommen oder das Gesamteinkommen der Familien- oder Haushaltsangehörigen beeinflußt wird, wenn in einem Haushalt oder einer Familie verschiedene Leistungsempfänger vorhanden sind. Zwar kennt das Recht der sozialen Leistungen durchaus Bestimmungen, nach denen das Einkommen von A n g e h ö r i g e n auf öffentliche Leistungen angerechnet wird — so z. B. in der Arbeitslosenfürsorge —, aber eine Aufnahme auch der Angehörigen gewährten Leistungen in die Tabelle würde den Rahmen der Darstellungsmöglichkeiten überschreiten.

Aus dem gleichen Grunde sind auch solche Leistungen nicht berücksichtigt worden, die einem Leistungsberechtigten zusätzlich zu der Grundleistung mit Rücksicht auf seinen Familienstand gewährt werden und die dem Lebensunterhalt dieser Familienmitglieder dienen sollen, so z. B.

die Kinderzuschläge in der Rentenversicherung,
die Familienzuschläge in der Arbeitslosenversicherung und -fürsorge,
die Krankengeldzuschläge in der Krankenversicherung.

Diese Leistungen wurden auch deswegen ausgelassen, weil mit einer
Neuregelung des Systems der Kinderzuschläge nach Einrichtung von
Familienausgleichskassen oder ähnlichen Institutionen zu rechnen ist
und weil die Neuregelung der Unterhaltspflicht der Ehegatten gegenüber ihren Kindern im Sinne einer Gleichberechtigung der Geschlechter
auch dazu führen dürfte, die Kinderzuschläge dieser Neuregelung anzupassen[22].

g) Aus der Tabelle läßt sich auch nur das Zusammentreffen von je
z w e i L e i s t u n g e n ersehen. Wollte man die Kumulierung von drei
Leistungen darstellen, so müßte die dritte Dimension zu Hilfe genommen werden. Aber auch ohne eine solche unmittelbare Erfassung drei-
oder mehrfacher Kumulierungen stellt die Tabelle — wie unten gezeigt wird — ein Hilfsmittel zur Vereinfachung der rechtlichen Beurteilung dieser Kumulierungsfälle dar.

h) In der Tabelle sind einzelne Leistungen in ihre B e s t a n d t e i l e
aufgegliedert, so die Renten aus der Invaliden- und Angestelltenversicherung, der Unfallversicherung und die Renten nach dem Bundesversorgungsgesetz. Diese Renten bestehen aus je zwei bis sechs Bestandteilen. Die Aufgliederung ist jedesmal nur bei der Hauptrente,
die dem Versicherten oder Versorgten selbst ausgezahlt wird, vorgenommen worden, dagegen nicht bei den Renten für die Hinterbliebenen.
Die Fälle des Zusammentreffens dieser Hinterbliebenenrenten mit
anderen Leistungen sind meist ebenso geregelt wie beim Zusammentreffen von Hauptleistungen mit anderen Leistungen.

i) Die Tabelle ist — wie schon erwähnt — nach dem D e z i m a l -
S y s t e m aufgebaut. Dabei bezeichnet die e r s t e Z i f f e r die Versicherungszweige oder die Versorgungen, nämlich

1. die Invalidenversicherung,
2. die Angestelltenversicherung,
3. die Knappschaftsversicherung,
4. die Unfallversicherung,
5. die Krankenversicherung,
6. die Arbeitslosenversicherung einschl. -fürsorge,
7. die Bundesversorgung nach dem BVG,
8. den Lastenausgleich,
9. die Heimkehrerversorgung,

---

[22] Vgl. die erst nach Abschluß des Gutachtens ergangenen Gesetze: Kinder-
geldgesetz vom 13. 11. 1954, BGBl. S. 333 und Kindergeldanpassungsgesetz vom
7. 1. 1955, BGBl. S. 17.

01. die besondere Fürsorge.
Hinzugefügt ist eine Spalte über die Anrechnung von Arbeitseinkommen (04).

Die z w e i t e Z i f f e r bezeichnet jeweils die einzelnen Renten, im allgemeinen also
die Versichertenrente,
die Witwenrente,
die Witwerrente und
die Waisenrente.

Die d r i t t e Z i f f e r bezeichnet die Zusammensetzung der einzel-
nen Rente, etwa nach
Grundbetrag,
Steigerungsbetrag,
Anpassungszuschlag,
Rentenzulage,
Teuerungszulage,
Grundbetragserhöhung.

k) Der Tabelle ist eine Zeichenerklärung und ein Abkürzungsverzeich-
nis beigefügt[23]. — Besonderer Erklärung bedarf dabei der in der
Tabelle verwandte Begriff „B e d ü r f t i g k e i t s k o n k u r r e n z".
Er will besagen, daß zwei Leistungen zusammentreffen, die beide voraussetzen, daß der Empfänger bedürftig ist (z. B. Witwerrente aus der
Unfallversicherung und aus der Invalidenversicherung). Es erhebt sich
dann die Frage, welche der beiden Leistungen primär zu gewähren und
welche einzubehalten ist. Eine Regelung derart, daß jeder Versicherungszweig oder jede Sonderversorgung die Hälfte ihrer Leistung zu
gewähren hätte, läge nahe, ist aber vom Gesetz nicht vorgesehen; vielmehr erhält der Empfänger von dem einen und dem anderen „Sicherungsträger" entweder die volle Leistung oder gar keine. Das Problem
der Bedürftigkeitskonkurrenz ist vom Gesetzgeber ausdrücklich
nicht geregelt worden. Die Lösung dürfte sich ergeben teils aus den
von der Rechtsprechung entwickelten Unterscheidungen hinsichtlich des
Begriffs der Bedürftigkeit, teils aus dem allgemeinen Rang der Leistungen[24], der wiederum aus dem Rang des betreffenden gesamten
Versicherungszweiges oder der Sonderversorgung folgt (so z. B. im allgemeinen Unfallversicherung vor Invalidenversicherung, vgl. § 1274

---

[23] Die in dem sozialrechtlichen Seminar der Hochschule für Arbeit, Politik
und Wirtschaft in Wilhelmshaven-Rüstersiel von dem wissenschaftlichen
Assistenten Assessor Schewe unter Mithilfe des Diplom-Sozialwirts Riechels
angefertigte Tabelle behandelt etwa 2000 mögliche Überschneidungen.

[24] Vgl. dazu allgemein: Bogs, „Rangordnung zwischen den Ansprüchen auf
Arbeitslosenunterstützung und anderen Ansprüchen und die sich daraus er-
gehenden Ersatzansprüche" in „Die Arbeiterversorgung", 1940, S. 94 ff.

RVO), teils allerdings auch aus der zeitlichen Reihenfolge der Inanspruchnahme der Leistungen. In allen diesen Fällen besteht eine der Rechtssicherheit abträgliche Unklarheit der gesetzlichen Regelung[25].

2. Das E r g e b n i s d e r A u f s t e l l u n g ü b e r d i e K u m u l i e - r u n g von laufenden Geldleistungen ist ein doppeltes:

a) Die Aufstellung geht von 46 verschiedenen Leistungen in Sozialversicherung, Versorgung und Fürsorge aus. Bei dieser Zahl ist die Aufgliederung mancher Leistungen in zwei bis fünf Bestandteile nicht eingeschlossen. Würden von diesen 46 Leistungen je zwei in einer Person zusammentreffen, so würden sich 1035 verschiedene Möglichkeiten ergeben. Von den in der Tabelle erfaßten 1035 Fällen des Zusammentreffens von zwei Leistungen scheiden von vornherein 200 Fälle aus; bei diesen weichen die Leistungsvoraussetzungen derart voneinander ab, daß eine Person nicht die Bedingungen für beide Leistungen erfüllen kann ("Nullen"). Von den restlichen 835 Möglichkeiten der Kumulierung sind nur wenige überhaupt nicht gesetzlich geordnet; die meisten Regelungen sind sogar durch ausdrückliche spezielle Bestimmungen erfolgt. Ein Teil der Regelungen ergibt sich aus dem "Rang" der Leistung. T r e f f e n j e d r e i L e i s t u n g e n i n e i n e r P e r s o n z u s a m - m e n , so würden sich 15 180 verschiedene Möglichkeiten ergeben.

Bezieht man die B e s t a n d t e i l e d e r R e n t e n , deren Zusammentreffen ebenfalls nach jeweils verschiedenen Bestimmungen und auch inhaltlich unterschiedlich geregelt ist, in die Berechnung ein — soweit sie in der Tabelle aufgeführt sind —, so ergeben sich 64 Leistungen und Leistungsbestandteile (22) und bei der Kumulierung von je zwei Leistungen oder Leistungsbestandteilen 2016 Möglichkeiten (abzüglich 307 "Nullen"), bei dreifachem Zusammentreffen 41 664 Möglichkeiten; bei der Gesetzesanwendung können gelegentlich auch Kumulierungen von mehr als drei Leistungen auftreten.

b) Aus dieser Tabelle läßt sich — wie bereits gesagt — nicht ohne weiteres ersehen, inwieweit die theoretisch berechneten Möglichkeiten für Kumulierungen von Leistungen in der Wirklichkeit vorkommen. Es mag so aussehen, als ob die genannten Zahlen schon an sich so hoch sind, daß die Wirklichkeit ihnen gar nicht Rechnung tragen kann. Demgegenüber muß darauf hingewiesen werden, daß schon früher die Fälle der Wanderversicherung mit dreifachem Zusammentreffen verschiedener Leistungen (aus der Invaliden-, der Angestelltenversicherung und der Knappschaftlichen Rentenversicherung) häufig waren und heute

---

[25] Bei Anfertigung der Tabelle wurde größte Vollständigkeit angestrebt; die Vielzahl der behandelten Fälle (s. Anm. 23) und die Fülle und Unübersichtlichkeit der gesetzlichen Vorschriften lassen es aber zweifelhaft erscheinen, ob dieses Ziel ganz erreicht wurde.

bei vielen über 65 Jahre alten Flüchtlingen eine mehrfache Kumulierung in Frage kommt[26].

Allerdings kann wohl gesagt werden: Je häufiger die Möglichkeiten für ein Zusammentreffen von Leistungen sind, desto geringer ist die Wahrscheinlichkeit, daß diese Fälle tatsächlich vorkommen. Von den Fällen der zwei- und dreifachen Kumulierung kann aber angenommen werden, daß diese Möglichkeiten auch in der Wirklichkeit fast sämtlich zu finden sind. Abgesehen von den oben erwähnten, auf Ausschnitte begrenzten Repräsentativerhebungen sind über das tatsächliche Vorkommen des Zusammentreffens von Leistungen folgende Zahlen zu nennen:

In der Fürsorge beträgt die Zahl der Fürsorgeempfänger, die zusätzlich zu einer Rente laufende Geldleistungen erhalten, etwa 39 % (so die Mitteilung von Reg.-Rat Oels in „Soziale Sicherheit", 1953, S. 322, und in „Sozialer Fortschritt", 1953, S. 37). Nach einer Erhebung in der Kriegsopferversorgung erhalten 71 % der Waisen, 38 % der Eltern, 31 % der Witwen und 10 % der Beschädigten neben ihrer Rente aus der Kriegsopferversorgung Renten aus der Rentenversicherung (Arbeits- und sozialstatistische Mitteilungen, hrsg. vom Bundesarbeitsministerium, 1953, Heft 6, S. 38, und Heft 7, S. 30)[27].

c) Die Aufstellung der Tabelle verfolgt noch ein weiteres Ziel. Sie erlaubt, sich leicht und schnell über die Möglichkeiten des Zusammen-

---

[26] Selbst ein Zusammentreffen von Ansprüchen auf z e h n L e i s t u n g e n in einer Person liegt durchaus im Bereich des Möglichen, wie folgendes Beispiel zeigen mag:
Eine invalide Witwe war sowohl als Arbeiterin wie auch als Angestellte tätig; ihre Invalidität beruht auf einer Kriegsbeschädigung, die sie im Betrieb durch einen Arbeitsunfall erlitten hat. Bei demselben Ereignis ist ihr Mann, der als Angestellter und auch als Arbeiter und als Bergmann beschäftigt gewesen war, verstorben. Die Witwe selbst ist Flüchtling.
Dieser Witwe können Leistungen aus e i g e n e r Versorgung oder Versicherung zustehen:
aus der Rentenversicherung der Arbeiter und der Angestellten,
aus der Unfallversicherung,
dem Lastenausgleich und
nach dem Bundesversorgungsgesetz,
sowie zusätzlich Leistungen als Hinterbliebene
aus der Rentenversicherung der Arbeiter und Angestellten,
der Knappschaftlichen Rentenversicherung,
der Unfallversicherung und
nach dem Bundesversorgungsgesetz.
Die Beispiele für Zusammentreffen von zehn Leistungen lassen sich durchaus vermehren.

[27] Die nach Fertigstellung des Gutachtens erfolgten Veröffentlichungen über Teilergebnisse der vom Statistischen Bundesamt durchgeführten Sozialenquête lassen die Zahl der tatsächlichen Kumulationsfälle nicht allzu hoch erscheinen (vgl. oben Anmerkung 19); vgl. auch die Ergebnisse einer Repräsentativerhebung von G. *Mackenroth* in Schriften des Vereins für Sozialpolitik N. F. Bd. 8 (1954): „Die Verflechtungen der Sozialleistungen".

treffens von Leistungen zu orientieren; sie weist gleichzeitig auf die Regelung, die dieses Zusammentreffen gefunden hat, und auch auf die betreffende Gesetzesbestimmung hin. Das gilt allerdings unmittelbar nur für die Fälle des Zusammentreffens von zwei Leistungen, aber die Tabelle stellt auch ein Hilfsmittel zur Berechnung von drei- und vier-fachen Kumulierungsfällen dar[28].

3. Die Bedeutung der Kumulierungen

Die Auswertung der Tabelle hat ergeben, daß die Kumulierungsmög-lichkeiten sehr zahlreich sind und daß auch entsprechend die Zahl des tatsächlichen Zusammentreffens von Leistungen recht hoch sein dürfte. Demnach wäre die oben gestellte Frage, ob Kumulierungen gehäuft auf-treten, bejahend zu beantworten; bei einem erheblichen Teil der Leistungsempfänger muß damit gerechnet werden, daß sie mehr als eine Leistung erhalten, bei einem wohl eben so großen Teil, daß sie öffentliche soziale Leistungen neben anderem Einkommen, insbesondere Arbeitseinkommen, beziehen.

a) Damit verändert sich aber der Charakter der Leistungen; denn nun ist nicht mehr die Betrachtung jeder einzelnen Leistung für sich gerechtfertigt, sondern diese muß nach dem G e s a m t e r f o l g be-urteilt werden, den sie zusammen mit anderen Leistungen erreicht. Wieweit bei einer solchen Gesamtbetrachtung d i e e i n z e l n e L e i-s t u n g i h r e n C h a r a k t e r v e r ä n d e r t, zeigt die folgende Auf-stellung. Zählt man die in Tabelle I aufgeführten 64 Leistungen und Leistungsbestandteile danach aus, wie sie sich bei einem Zusammen-treffen mit anderen Leistungen oder sonstigen Einkünften verhalten, so ergibt sich, daß nur bei 16 (von 64) jede Berücksichtigung anderer Leistungen und anderweiten Einkommens unterbleibt. Es sind dies vor allem die Leistungen der Unfallversicherung, die Grundrenten nach dem Bundesversorgungsgesetz und — teilweise — die Leistungen der Knappschaft. Von den übrigen Leistungen oder Leistungsbestandteilen werden zwölf nur dann gewährt, wenn der Empfänger bedürftig ist, und weitere sechs nur dann, wenn er eine bestimmte Einkommens-

---

[28] Die Anwendung der Tabelle beim Zusammentreffen von mehr als zwei Leistungen geschieht zweckmäßig in der Weise, daß zuerst das Zusammen-treffen von je zwei Leistungen ausgerechnet und das Ergebnis dann zu-sammengezogen wird. So würde bei einem dreifachen Zusammentreffen von Leistungen auf eine Person, z. B. bei einem invalidenversicherten, unfall-geschädigten Flüchtling, folgende Berechnung aufzustellen sein:
1. Invalidenrente und Unfallvollrente   =   § 1274 RVO,
2. Invalidenrente und Unterhaltshilfe   =   § 270 LAG,
3. Unfallrente und Unterhaltshilfe   =   § 270 LAG.
Es läßt sich dann ersehen, daß die Unfallrente voll, die Invalidenrente zu $3/4$ (§ 1274 RVO) und die Unterhaltshilfe gekürzt (§ 270 LAG) zu gewähren ist oder wegfällt.

grenze nicht erreicht; in diesem letzteren Falle wird ein der Bedürftigkeitsprüfung ähnliches Ergebnis erreicht. Auf weitere 24 Leistungen
oder Leistungsbestandteile werden andere öffentliche soziale Leistungen und auf weitere sechs auch sonstiges Einkommen angerechnet.

B e i 4 8 v o n 6 4 L e i s t u n g e n u n d L e i s t u n g s b e s t a n d -
t e i l e n w e r d e n a l s o i n i r g e n d e i n e r W e i s e d i e w i r t -
s c h a f t l i c h e n V e r h ä l t n i s s e d e s L e i s t u n g s e m p f ä n -
g e r s (wie sie sich auch im Bezug einer anderen Sozialleistung aus-
drücken) b e r ü c k s i c h t i g t. In diesen Fällen wird demjenigen, der
früher aus eigener Initiative vorgesorgt hat oder sich gegenwärtig um
eigene Hilfe bemüht, nicht der gleiche Vorteil zugewandt, wie demjenigen, der tatenlos die Dinge hat treiben lassen. H i e r w i r k t a l s o
d i e G e s t a l t u n g d e r S o z i a l v e r s i c h e r u n g u n d d e r
S o n d e r v e r s o r g u n g e n i n f o l g e d e r h ä u f i g e n A n r e c h -
n u n g e n e i n e m S t r e b e n n a c h S e l b s t h i l f e e n t g e g e n.

So bietet eine Gesamtbetrachtung des Systems der öffentlichen sozialen Leistungen einen anderen Aspekt, als ihn vielfach eine Untersuchung einzelner Leistungen vermitteln würde. Es läßt sich wohl be-
haupten, daß die a l l z u g r o ß e D i f f e r e n z i e r t h e i t d e r L e i -
s t u n g e n nach Beitragszahlung und Schadensursache — also das Prinzip der Versicherung und der Sonderversorgungen — weitgehend wir-
kungslos ist und sogar zum großen Teil einem Leistungssystem Platz
gemacht hat, das alle Leistungen „in eins rechnet" (Achinger, „Soziale
Sicherheit", 1953, S. 56). Hierzu treten die bereits oben erörterten
Erwägungen (vgl. S. 36) über die Veränderungen des rechtlichen Cha-
rakters der Leistungen bei dieser „In-Eins-Rechnung".

So wird b e i e i n e r K u m u l i e r u n g d e r C h a r a k t e r d e r
„ G e s a m t l e i s t u n g" v o n d e r j e n i g e n L e i s t u n g b e -
s t i m m t, d i e — a l s „ o b e r s t e r B e t r a g" — z u d e n ü b r i g e n
L e i s t u n g e n u n d L e i s t u n g s b e s t a n d t e i l e n h i n z u -
t r i t t u n d a l s l e t z t e z u r v o l l e n D e c k u n g d e s n o t w e n -
d i g e n L e b e n s b e d a r f s e r f o r d e r l i c h i s t. Wird diese letzte
Leistung nur bei genereller oder spezieller Bedürftigkeit gewährt, so
entwertet diese Bedürftigkeitsprüfung auch alle anderen Leistungen,
auf die ohne Bedürftigkeitsprüfung ein Anspruch besteht. Ähnliches
gilt auch bei einem Zusammentreffen von Versicherungsleistungen mit
Versorgungsleistungen; denn wenn bei einer „Gesamtleistung" der eine
Teil ohne Beitragszahlung gewährt wird, dann wird auch der für den
anderen Teil entrichtete Beitrag in seiner anspruchsbegründenden
Funktion entwertet und der Ansporn zur Selbstversorgung gemindert.

Bei zahlreich vorkommenden Fällen der Kumulierung von Leistungen,
unter denen e i n e unter dem finalen Gesichtspunkt der Bedürftigkeit
gewährt wird, versagt also eine kausale Betrachtung, die nach Ursache

des Schadens und nach zweckbestimmter Beitragszahlung differenziert. Man ist versucht, zur Charakterisierung der Gestaltung des Leistungsrechts, das jeder Schadensursache auch den genau entsprechenden Ausgleich zuordnen will, den Satz „summum ius — summa injuria" zu gebrauchen.

b) In Wirklichkeit liegt dem gegenwärtigen System der sozialen Leistungen auch nicht nur eine kausale Betrachtung zugrunde, sondern in all den Fällen des Zusammentreffens von Leistungen mit Anrechnungs-, Ruhens- und Kürzungsbestimmungen oder gar mit genereller oder spezieller Bedürftigkeitsprüfung wird eine finale Betrachtung angewandt, die davon ausgeht, daß der Leistungsempfänger nur den notwendigen oder in anderer Weise begrenzten Lebensunterhalt aus öffentlichen Mitteln erhalten soll. Sie berücksichtigt daher bei der Bemessung der Leistung den B e d a r f des Empfängers; sofern die öffentlichen sozialen Leistungen infolge Kumulierung den wahrscheinlichen Bedarf des Empfängers übersteigen, werden sie oft nach bestimmten Grundsätzen gemindert. D i e s e a m B e d a r f o r i e n t i e r t e f i n a l e B e t r a c h t u n g i s t a b e r d i e j e n i g e d e r a l l g e m e i n e n V e r s o r g u n g. Sie hat Beveridge dem englischen Sicherungssystem zugrunde gelegt und daraus das Prinzip der Existenzsicherung für jedermann abgeleitet.

S o s t e l l e n z a h l r e i c h e K u m u l i e r u n g e n v o n L e i s t u n g e n m i t i h r e n L e i s t u n g s k ü r z u n g e n e i n e n B r u c h i n d e m S y s t e m d e r k l a s s i s c h e n S o z i a l v e r s i c h e r u n g u n d d e r S o n d e r v e r s o r g u n g e n d a r: W ä h r e n d S o z i a l v e r s i c h e r u n g u n d S o n d e r v e r s o r g u n g d a v o n a u s - g e h e n, d a ß j e d e s R i s i k o e n t s p r e c h e n d d e n b e s o n d e - r e n B e i t r ä g e n u n d j e d e r S c h a d e n m i t R ü c k s i c h t a u f s e i n e U r s a c h e g e s o n d e r t a u s g e g l i c h e n w i r d, w e r - d e n b e i m Z u s a m m e n t r e f f e n v o n L e i s t u n g e n d i e s e P r i n z i p i e n v e r l a s s e n u n d a u c h d e r B e d a r f d e s L e i - s t u n g s e m p f ä n g e r s a l s M a ß s t a b f ü r d e n U m f a n g d e r L e i s t u n g e n g e n o m m e n. D i e h ä u f i g e A n w e n d u n g d e s B e d a r f s p r i n z i p s f ü h r t s o z u e i n e m Z u r ü c k - t r e t e n d e s V e r s i c h e r u n g s p r i n z i p s u n d d e r G r u n d - s ä t z e d e r S o n d e r v e r s o r g u n g e n z u g u n s t e n e i n e r e i n h e i t l i c h a n d e r E x i s t e n z s i c h e r u n g o r i e n t i e r t e n s o z i a l e n S i c h e r u n g.

c) Die so vielfältige Aufgliederung der öffentlichen sozialen Leistungen, ihre Zusammensetzung aus mehreren Leistungsbestandteilen und ihre Kumulierung bedingen weiterhin auch eine U n ü b e r s i c h t - l i c h k e i t d e r R e c h t s o r d n u n g. Diese wiederum zeitigt unerwünschte Wirkungen.

aa) Die Unübersichtlichkeit des Leistungsrechts steht im besonderen Widerspruch zu dem Gedanken der Rechtsstaatlichkeit, zu der auch das Prinzip gehört, daß die Rechtsordnung für den Laien durchschaubar und verstehbar ist. Die Verläßlichkeit der Rechtsordnung und die Berechenbarkeit der rechtlichen Wirkungen seines Handelns vermag erst dem Staatsbürger das Gefühl der R e c h t s s i c h e r h e i t zu geben. An diesem Gefühl fehlt es aber den Versicherten und Versorgten weitgehend; das wird sich auch durch die Einführung der Sozialgerichtsbarkeit nicht erheblich ändern, da diese zwar ausreichenden Rechtsschutz gewährt, aber die Mängel des materiellen Rechts nicht abzustellen vermag. Die Unsicherheit des Versicherten oder Versorgten bei seinen Anträgen auf Leistungen steigert sich vielfach zu einer echten Rechtsnot. Diese findet sich vor allen Dingen bei solchen Bevölkerungsgruppen, zu deren Schutz gerade die Sozialversicherung gedacht ist, nämlich bei denjenigen, die durch ihre Ungewandtheit in rechtlichen Dingen und in schriftlichen Angelegenheiten, gelegentlich auch durch ihre Zurückhaltung, nicht in der Lage sind, ihre Ansprüche in ausreichender Weise geltend zu machen, insbesondere also bei Witwen und Waisen.

Dieser Mangel an Rechtssicherheit ist oft mit sozialer Not verbunden; denn während die gesetzlichen Regelungen die Träger der Versicherung und Versorgung nicht vor ungerechtfertigter Ausnutzung schützen, werden in manchen Fällen Leistungen aus Unkenntnis nicht in Anspruch genommen, oder es wird trotz Gewährung von Leistungen der Mindestbedarf des Versicherten nicht gedeckt. Während einerseits bei bestimmten Leistungsfällen sich Überschneidungen und sozial ungerechtfergte Doppelleistungen ergeben, werden andererseits keine oder nicht ausreichende Leistungen gewährt (vgl. über die Ablehnung von Leistungen unten S. 92 ff.).

bb) Die Unübersichtlichkeit des Leistungsrechts führt auch zu Schwierigkeiten bei der G e s e t z g e b u n g .

Dabei kommt es nicht so sehr darauf an, daß bei der großen Zahl verschiedenartiger Leistungen zahlreiche Einzelfälle nicht mehr überblickt und deshalb nicht berücksichtigt werden, vielmehr behindert vor allem die Vielfalt der Leistungsarten eine klare gesetzliche Regelung; denn bei jeder Reform auch nur einer einzigen Leistungsart müssen die Auswirkungen der Änderung auf die anderen Leistungen, mit denen jene zusammentreffen kann, berücksichtigt werden, anderenfalls kann sich leicht ergeben, daß das Gesetz undurchführbar ist. — Als Beispiel hierfür mag etwa das erste Teuerungszulagengesetz vom 10. 8. 1951 genannt werden, das wegen der Schwierigkeit seiner Durchführbarkeit durch das Änderungsgesetz vom 25. 6. 1952 völlig neu gefaßt werden mußte (vgl. dazu Eckert-Sauerborn,

Die Sozialversicherungsgesetze, II 824). — Diese Interdependenz der öffentlichen sozialen Leistungen erzwingt vom Gesetzgeber Konzessionen an das vorhandene Leistungssystem auch auf Kosten von als richtig erkannten Prinzipien. Überspitzt kann man sagen: Das vorgefundene System gibt den Rahmen für seine Änderung ab und bindet so den Gesetzgeber.

Wie sehr der Gesetzgeber durch das System selbst zu einem Abgehen von dem von ihm vertretenen Grundsätzen veranlaßt werden kann, zeigen am besten die Gesetze, die seit 1949 die Leistungen der Rentenversicherung ergänzt haben. Trotz des Strebens nach Betonung des Versicherungscharakters der Sozialversicherung hat es der erste Bundestag nicht vermocht, einer Entwicklung entgegenzuwirken, die durch Verstärkung des Anteils des Staates an der Finanzierung der Rentenversicherung und das Hervortreten des Versorgungsprinzips zuungunsten des Versicherungsprinzips gekennzeichnet ist. Für die neu eingeführten Bestandteile der Renten aus der Invalidenversicherung oder Angestelltenversicherung — dem Anpassungszuschlag nach dem SVAG, der Rentenzulage nach dem Rentenzulagegesetz (RZG), der Teuerungszulage nach dem Teuerungszulagegesetz und der Grundbetragserhöhung nach dem Grundbetragserhöhungsgesetz — hat lediglich das Rentenzulagengesetz eine Methode gewählt, die mit dem Streben nach Wiederherstellung des Versicherungsprinzips in etwa in Einklang zu bringen ist[23]; denn während die anderen Gesetze feste Zuschläge ohne Rücksicht auf die bisherige, durch Beiträge bestimmte Leistung (Steigerungsbeträge) gewähren, setzt das RZG die Zulage ins Verhältnis zu der bisherigen Höhe der Leistung und damit wenigstens zu einem Teil zu den im Steigerungsbetrag sich ausdrückenden Beiträgen des Versicherten. In den übrigen drei Fällen aber sind zwecks schnellerer und technisch einfacherer Durchführung der Rentenverbesserung Methoden gewählt worden, die dem Versicherungsprinzip entgegenwirken und ihm bei dem geschilderten Stand der rechtlichen Ordnung der sozialen Sicherung auch wohl nicht entsprechen konnten.

cc) Die Undurchsichtigkeit des Leistungsrechts begünstigt ferner i m m e r n e u e S o n d e r r e g e l u n g e n , welche die Undurchsichtigkeit der gesetzlichen Regelung nur noch vermehren. Während die Reichsversicherungsordnung und das Angestelltenversicherungsgesetz von 1911 eine einheitliche Gestaltung des Sozialversicherungsrechts förderten, sind in der Folgezeit durch die Inflation, die Wirtschaftskrise

---

[29] Das Rentenmehrbetragsgesetz vom 23. 11. 1954 sucht dem Versicherungsprinzip gerecht zu werden, indem es die Mehrbeträge auf Grund einer zusätzlichen Bewertung der Steigerungsbeträge aus den vor 1939 geleisteten Beiträgen bemißt (§ 1 Abs. 2); es widerspricht aber dem Versicherungsgedanken bei der Finanzierung der Mehrbeträge aus dem l a u f e n d e n Beitragsaufkommen.

der dreißiger Jahre, den zweiten Weltkrieg, die Länder- und Zonen-
regelungen nach 1945 und durch die Beseitigung der Kriegsfolgen seit
1949 Veränderungen des vor dem ersten Weltkrieg im ganzen übersichtlich gestalteten Gesetzeswerkes vorgenommen worden, die seinen
Charakter stark verändert haben. So tritt bei den einzelnen Versicherten und Versorgten statt des Vertrauens zur eigenen Vorsorge
im Rahmen einer klaren gesetzlichen Ordnung der Glaube an die Zu-
fälligkeit der sozialen Ordnung. S o l a n g e e s d e m e i n z e l n e n
n i c h t m ö g l i c h i s t , d i e A u s w i r k u n g e n s e i n e s w i r t -
s c h a f t l i c h e n u n d s o z i a l e n V e r h a l t e n s i n S o z i a l -
v e r s i c h e r u n g u n d - v e r s o r g u n g z u ü b e r b l i c k e n , s o -
l a n g e w i r d e r s i c h a u f d e n S t a a t v e r l a s s e n u n d a l l e s
v o n i h m f o r d e r n .

Daher verlangt eine Reform der sozialen Sicherung ein Gesetzes-
werk, bei dem die Überschneidungen von Leistungen und damit die
Unübersichtlichkeit der rechtlichen Ordnung weitgehend vermieden
werden.

C. Die Kumulierung von Sachleistungen

1. Wie Geldleistungen sich in einer Person zu vereinigen vermögen,
so können auch Ansprüche auf Sachleistungen zusammentreffen. Das
soll am Beispiel der wichtigsten Sachleistung, der K r a n k e n -
p f l e g e , gezeigt werden. In der T a b e l l e I I sind 21 Personengruppen aufgeführt, die nach verschiedenen Bestimmungen und teilweise
auch in verschiedenem Umfang Krankenpflege erhalten. Die Tabelle
ist ebenfalls nach dem Dezimalsystem aufgebaut; die erste Ziffer bezeichnet die Art der Versicherung oder Versorgung, die zweite Ziffer
die Personengruppe, im allgemeinen also Versicherte und Angehörige.
Die Tabelle gibt Auskunft darüber, welche Personengruppen Krankenpflege von der Sozialversicherung oder der Versorgung erhalten, und
läßt erkennen, wie die Konkurrenz von zwei Leistungsansprüchen (d. h.
bei Vorliegen der Voraussetzungen für beide Leistungen) geregelt ist.

In der Tabelle sind 210 Fälle des Zusammentreffens erfaßt, in sechs
Fällen findet ein Zusammentreffen deswegen nicht statt, weil die Voraussetzungen für diese Personengruppen nicht in einer Person zusammentreffen können (Zeichen = 0). Nur in zwei Fällen besteht ein
doppelter Anspruch.

Die Ergebnisse dieser Tabelle sind von denen der Tabelle I, die das
Zusammentreffen von Geldleistungen zeigt, unterschiedlich; denn Sachleistungen können im allgemeinen nur einmal „in natura" gewährt werden, und war besonders deswegen, weil sie im allgemeinen umfassend

den vollen Bedarf decken sollen. Daher können zwar mehrere Ansprüche auf Sachleistungen — z. B. auf ärztliche Behandlung und Arzneien — aus verschiedenen Rechtsgründen entstehen, aber die Sachleistung selbst kann sinnvoll nur einmal erbracht werden. Es findet also wohl ein Zusammentreffen von Ansprüchen, aber nicht eine Häufung der tatsächlichen Leistungen statt. Daher ist beim Zusammentreffen von Sachleistungen zu prüfen, welcher Versicherungszweig oder welche Sonderversorgung die Sachleistung als erste — und damit als einzige — zu gewähren hat. Es ergibt sich dabei eine Reihenfolge (R a n g o r d - n u n g), in der die verschiedenen Versicherungsträger oder Versorgungsbehörden nacheinander — subsidiär — zu leisten haben.

2. Die Gewährung der Krankenpflege durch die Krankenkassen an Nichtversicherte ist ein Fall der „S o z i a l v e r s i c h e r u n g a u f f r e m d e R e c h n u n g" (vgl. oben S. 58 ff.), bei dem ein Versicherungsträger die Sachleistungen für alle Betreuten nach den Regeln der sozialen Krankenversicherung ohne Rücksicht auf den anderen Rechtsgrund gewährt.

Diese Gestaltung der „Krankenpflege auf fremde Rechnung" begegnet erheblichen, teilweise bereits oben (S. 53, 57 ff.) dargelegten Bedenken. Allerdings kann kein Zweifel daran bestehen, daß diese Form die rechtstechnisch zweckmäßigste Lösung unter Beibehaltung der vorgegebenen Gruppierung in Versicherungszweige und Sonderversorgungen ist; andererseits ist damit eine gewisse Nivellierung verbunden. Mit der „Krankenpflege auf fremde Rechnung" ist für die Krankenversicherung e i n e d e r E i n h e i t s v e r s i c h e r u n g ä h n l i c h e O r g a n i s a t i o n e i n g e f ü h r t, bei der alle Versicherten und Versorgten ohne Rücksicht auf spezielle Schäden oder auf Beiträge an e i n e m Schalter und zum größten Teil auch nach e i n h e i t l i c h e n M a ß s t ä b e n im wesentlichen g l e i c h e Leistungen erhalten. Versicherte und Versorgte verschiedener Art erhalten von der gleichen Stelle Leistungen ohne Rücksicht darauf, ob sie Beiträge entrichten oder nicht. Das hat zur Folge, daß bei den Mitgliedern der Krankenversicherung das Gefühl dafür schwindet, die Krankenkasse sei „ihre" Einrichtung. Zugleich werden sie die Frage nach dem Sinn der Beitragszahlung aufwerfen.

Die Krankenkassen selbst erlangen mit der Erledigung von Aufgaben anderer Versicherungsträger und staatlicher Versorgungsbehörden eine andere Stellung gegenüber der Öffentlichkeit: sie führen nun nicht mehr die Gesundheitsfürsorge für eine beschränkte Versichertengemeinschaft, sondern für den größten Teil aller Staatsbürger durch, — es bedarf nur noch eines weiteren Schrittes, um von der Gesamtversorgung der Staatsbürger sprechen zu können.

III. Widersprechende Versagung von Leistungen

Während die Kumulierungen von Leistungen mit ihren vielfältigen Möglichkeiten in erster Linie auf materiell-rechtlichen Regelungen beruhen, findet ihr Gegenstück, die widersprechende Ablehnung von Anträgen auf Leistungsgewährung, ihren Grund häufig im Organisationsrecht und im Verwaltungsverfahren.

A. Theoretisch allerdings könnte auch der Grund für diese Ablehnungen in l ü c k e n h a f t e n   m a t e r i e l l - r e c h t l i c h e n   R e g e l u n g e n zu finden sein, nämlich dann, wenn für einen bestimmten Fall die Gesetze keine Anweisung zur Leistung erteilen, obwohl nach dem System der sozialen Leistungen und dessen Zielsetzung zumindest eine Leistung zu erwarten wäre. Von einer Gesetzeslücke kann jedoch nur dann gesprochen werden, wenn das Gesetz einen Tatbestand nicht positiv regelt, den es nach Sinn und Zweck des Gesetzes hätte regeln sollen. Dieses letztere Urteil setzt aber eine Entscheidung über den Umfang der sozialen Sicherung voraus. Der Begriff der Gesetzeslücke geht also davon aus, daß wenigstens in der Idee der soziale Schutz bei bestimmten sozialen Notlagen lückenlos besteht. Das ist nun gerade im Recht der Sozialversicherung und Versorgung nicht der Fall; vielmehr sind hier bewußt Grenzen gezogen und Gebiete sozialer Not ausgenommen und anderen Institutionen (insbesondere der Fürsorge) zugewiesen worden. Echte, ungewollte Gesetzeslücken dürfte es daher im Bereich der Sozialversicherung und der Versorgung kaum geben. Jedenfalls könnte die Ablehnung von Leistungsansprüchen nur in vereinzelten Fällen darauf zurückzuführen sein. — Daß eine Leistung an bestimmte Voraussetzungen geknüpft ist, läßt sich in keinem sozialen Sicherungssystem vermeiden, und damit ist automatisch die Notwendigkeit gegeben, daß Ablehnungen von vermeintlichen Ansprüchen ausgesprochen werden müssen. Es ist nun aber kein Zeichen für ein gut funktionierendes Leistungssystem, wenn der Voraussetzungen und Grenzen so viele sind, daß ihre Kenntnis von der Allgemeinheit nicht erwartet werden kann, oder wenn die Ablehnung wegen Nichterfüllung einer von vielen, für sich allein oft nur wenig bedeutsam erscheinenden Voraussetzungen erfolgen muß. In diesem Sinn ist die Unübersichtlichkeit und Vielgestaltigkeit des materiellen Rechts auch ein Grund für als ungerecht empfundene Ablehnung von Leistungen.

B. Die meisten Unzuträglichkeiten bei Ablehnung von Leistungen beruhen aber auf u n r i c h t i g e n   V e r w a l t u n g s b e s c h e i d e n. Dabei handelt es sich im wesentlichen um zwei Fälle. Einmal kann der Versicherungsträger oder eine Versorgungsbehörde seine bzw. ihre Unzuständigkeit für die Gewährung der beanspruchten Leistung annehmen, weil man eine andere öffentliche Stelle als zuständig ansieht. Zum anderen ergeben sich Unzuträglichkeiten durch die verschiedene Beurteilung des gleichen Sachverhalts, insbesondere durch eine verschiedene Festsetzung der Minderung der Erwerbsfähigkeit durch die untersuchenden Ärzte. Im ersten Falle handelt es sich um einen negativen Kompetenzkonflikt zwischen für gleiche Schäden in Frage kommenden Versicherungsträgern und Versorgungsbehörden, der infolge falscher Anwendung von Rechtsvorschriften durch eine der beteiligten Stellen entsteht. Im zweiten Falle handelt es sich um eine verschiedene tatsächliche oder materiell-rechtliche Beurteilung des gleichen Falles, obwohl übereinstimmende Maßstäbe anzuwenden wären.

Der erste Fall gibt dem Versicherten und der Öffentlichkeit mit Recht Anlaß, das System der Erbringung von Leistungen der Sozialversicherung und Versorgung zu kritisieren; denn wenn feststeht, daß einer der beiden Versicherungsträger oder eine Versorgungsbehörde leisten muß, dann wird der Versicherte nicht verstehen können, warum er unter dem Streit der Versicherungsträger oder Behörden untereinander leiden soll. — Auch der zweite Fall, die verschiedene Beurteilung des Sachverhaltes, ist dem Versicherten nur schwer verständlich; denn er geht mit Recht davon aus, daß eine dieser Beurteilungen falsch sein muß und daß es nicht seine Aufgabe sein kann, diese Fehlerhaftigkeit zu berichtigen.

Ein negativer Kompetenzkonflikt kann sowohl wegen vermeintlicher örtlicher oder sachlicher Unzuständigkeit entstehen. Während die ersteren Fälle im allgemeinen nicht sehr häufig sind, kommen die zweiten Fälle insbesondere zwischen Berufsgenossenschaften vor, aber auch bei der Inanspruchnahme von Leistungen von Versicherungsträgern, die verschiedenen Versicherungszweigen angehören und sich mit dem Ausgleich desselben Schadensfalles zu befassen haben. Nicht selten treten solche Kompetenzkonflikte auch in Verbindung mit unterschiedlicher tatsächlicher Beurteilung des Sachverhalts auf, insbesondere infolge verschiedener ärztlicher Begutachtung.

Der Umfang, in dem solche widersprechenden Ablehnungen von Leistungsanträgen vorkommen, läßt sich kaum schätzen, viel weniger noch berechnen. Die Träger der Rentenversicherung lehnen etwa $^1/_6$ der jährlichen Rentenanträge (1952 = insgesamt 850 000) ab, allerdings die meisten wohl wegen Fehlens vorzeitiger Invalidität. Die Bedeutung widersprechender Ablehnungen liegt auch weniger in einer aufsehenerregenden Zahl als vielmehr in der Verletzung des Rechtsgefühls und vielfach auch der besonderen Härte solcher Ablehnungen.

C. Bringt man die Überlegungen hinsichtlich der Kumulierungen von Leistungen und der widersprechenden Ablehnungen in Zusammenhang, so läßt sich feststellen, daß die Doppelleistungen im wesentlichen durch Überschneidungen des materiellen Rechts, das sozialpolitisch unerwünschte Fehlen von Leistungen oft durch Mängel der Verfahrensordnung oder durch ein Versagen der Verwaltung bedingt sind.

Daraus darf schon an dieser Stelle eine Folgerung für die R e f o r m der Sozialversicherung und der Versorgung gezogen werden. Zur Vermeidung von Doppelleistungen sind Änderungen des materiellen Rechts, zur Vermeidung einer doppelten Ablehnung von Leistungen Verbesserungen des Verfahrens notwendig. — Als solche Verbesserung kommt vor allem eine g e g e n s e i t i g e B i n d u n g d e r V e r s i c h e r u n g s t r ä g e r u n t e r e i n a n d e r u n d d e r V e r s o r g u n g s b e h ö r d e n in Betracht, ähnlich wie sie zwischen den Gerichten bei Prüfung der Zuständigkeit seit langem ohne Schwierigkeiten besteht (vgl. § 276 ZPO, § 48 ArbGG, § 98 SGG, ferner auch § 52 SGG). Eine Vorstufe ist bereits heute die in § 55 Abs. 1 Ziff. 2 des Sozialgerichtsgesetzes vorgesehene Klage auf Feststellung, welcher Versicherungsträger der Sozialversicherung zuständig ist. Es sollte jedenfalls vermieden werden, daß der Versicherte für meist sehr erhebliche Zeit keine Leistung — oder allenfalls eine Fürsorgeleistung — erhält, obwohl ihm eine von zwei Leistungen mit Sicherheit zusteht; denn hier handelt es sich in Wahrheit um einen Streit der Leistungsträger untereinander um die endgültige Belastung mit dieser Leistung. In solchen Fällen sollten die Versicherungsträger selbst und nicht der rechtsunkundige Versicherte die Frage der Zuständigkeit endgültig klären.

Zumindest aber sollte zur Vermeidung solcher Fälle eine medizinische Begutachtung nur e i n e r öffentlichtrechtlichen ärztlichen Stelle übertragen werden; denn meist beruhen derartige Streitigkeiten auf einer verschiedenen Beurteilung der Versicherten durch Vertrauensärzte der Landesversicherungsanstalten und der Berufsgenossenschaften, durch Ärzte des Arbeitsamtes, Versorgungsärzte oder gemeindliche Gesundheitsämter. Eine Z u s a m m e n f a s s u n g d e r B e g u t a c h t u n g s t ä t i g k e i t i n e i n e m s o z i a l - ä r z t l i c h e n D i e n s t würde weitere Vorteile, so die stärkere Unabhängigkeit der Ärzte und die Möglichkeit einer einheitlichen Durchführung der vorbeugenden Gesundheitspflege mit sich bringen (vgl. zu letzterem die in dem „Reformgutachten" der Gesellschaft für Sozialen Fortschritt entwickelten Pläne, „Sozialer Forschritt", 1953, Beilage zu Heft 12).

IV. Ungleiche Beurteilung gleicher Sachverhalte und ungleiche Bemessung von Leistungen, die auf den gleichen Erfolg gerichtet sind

Die Unübersichtlichkeit der Rechtsordnung auf dem Gebiete der öffentlichen sozialen Leistungen tritt besonders dann hervor, wenn man untersucht, wie vergleichbare Begriffe in den verschiedenen Versicherungszweigen und Sonderversorgungen unterschiedlich abgegrenzt sind. Hier muß eine Vielfalt, die an anderen Stellen durchaus zu begrüßen sein mag, zu einer Unverständlichkeit der Rechtsordnung führen; denn der Laie geht mit Recht davon aus, daß gleichlautende Begriffe auch rechtlich gleich auszulegen sind und daß gleiche Zustände nach gleichen Maßstäben beurteilt werden. Eine solche ungleiche rechtliche Behandlung an sich gleicher Sachverhalte läßt sich in Sozialversicherung und Sonderversorgungen leider recht häufig nachweisen. Sie soll im folgenden jedoch nur an wenigen charakteristischen Beispielen aufgezeigt werden.

A. Dabei muß zuerst auf den Umstand hingewiesen werden, daß in Sozialversicherung und Sonderversorgungen bei Bemessung der für den Lebensunterhalt einer Familie notwendigen zusätzlichen Leistungen völlig verschiedene Maßstäbe angewandt werden — ein Umstand, der vom Standpunkt einer gesunden Familienpolitik nicht verständlich erscheint.

Es erhält der Versicherte in der Arbeitslosenversicherung eine Grundleistung (Hauptunterstützung), bemessen nach seinem bisherigen Arbeitsverdienst, und Zuschläge für jede weitere unterhaltsberechtigte Person, also etwa seine Ehefrau und seine Kinder (§ 103 AVAVG). Die Arbeitslosenfürsorge wendet das gleiche System, jedoch mit niedrigerer Hauptunterstützung, aber im allgemeinen gleich hohen Zuschlägen an (vgl. dazu die Tabelle des Gesetzes zur Änderung und Ergänzung von Vorschriften auf dem Gebiete der Arbeitslosenversicherung und der Arbeitslosenfürsorge vom 24. 8. 1953, BGBl. I S. 1022). Dagegen wird dem arbeitsunfähig kranken Versicherten das Krankengeld der Krankenversicherung (in Höhe des halben Grundlohnes) — als Regelleistung — ohne Zuschläge für Familienmitglieder gewährt (§ 182 Abs. 1 Ziff. 2 RVO); als Mehrleistung kann das Krankengeld durch Zuschläge erhöht werden, und zwar bis zur Höhe von 10 % des Grundlohnes für den Ehegatten und bis zur Höhe von 5 % für jeden sonstigen Angehörigen (Höchstgrenze insgesamt 75 % des Grundlohnes, § 191 Abs. 3 RVO). — Im Unterschied zu den vorstehend beschriebenen Leistungen werden die Renten in der Unfallversicherung, der Invalidenversicherung, der Angestelltenversicherung und der Knappschaftlichen Rentenversicherung ohne Berücksichtigung der Ehefrau des Rentners fest-

gesetzt, jedoch treten Kinderzulagen zu der Rente hinzu. Diese Kinderzulagen werden in der Unfallversicherung (§ 559 b RVO) prozentual
nach der Höhe der Rente bemessen, in den Rentenversicherungen bestehen sie in festen Zuschlägen in Höhe von 20,— DM (§ 1271 Abs. 2
RVO in Verbindung mit § 1 Abs. 1, letzter Satz, SVAG). — Wiederum
im Unterschied hierzu erhalten Schwerbeschädigte zu der Ausgleichsrente eine Erhöhung von 20,— DM für die Ehefrau und für jedes unterhaltsberechtigte Kind (§ 32 Abs. 3 BVG in der Fassung vom 7. 8. 1953,
BGBl. I S. 866), und schließlich kommt zu der Unterhaltshilfe nach dem
Lastenausgleichsgesetz (§ 269 Abs. 2 LAG) ein Betrag von 37,50 DM
für die Ehefrau und von 27,50 DM für jedes unterhaltene Kind hinzu.

Aus dieser V i e l f a l t d e r B e r e c h n u n g s a r t e n b e i d e n
f ü r d i e F a m i l i e b e s t i m m t e n L e i s t u n g e n vermag ein einheitlicher Grundgedanke auch dann nicht abgeleitet zu werden, wenn
man die verschiedene Bemessung und Bedeutung der Hauptleistung
berücksichtigt. Die Idee, daß die Ehefrau an dem Lebensschicksal und
damit an dem Lebensstandard des Ehemannes und somit auch an dessen
Rente teilnehmen soll, wird ebenso oft durchbrochen wie die aus der
gegenteiligen Auffassung stammende Regelung für die Kinder, die
diesen ohne Rücksicht auf die Stellung des Vaters und auf den Versicherungszweig oder die Sonderversorgung gleiche Chancen und deswegen gleich hohe Beträge zukommen lassen will. Ein gemeinsamer
Maßstab, gleich von welcher Grundauffassung ausgehend, läßt sich für
diese Familienleistungen also nicht feststellen. Er wird erst recht von
den Versicherten und Versorgten bei einem Vergleich der jeweiligen
Leistungen vermißt werden.

B. Während bei der Bemessung der Familienleistungen im allgemeinen der Zusammenhang mit der früheren sozialen Lage des
Empfängers der Hauptleistung noch deutlich ist und somit eine hierauf
abgestellte, also kausale Betrachtung vielleicht noch möglich erscheinen
könnte, ist diese völlig fehl am Platze bei Leistungen, die lediglich auf
ein künftiges Ziel ausgerichtet sind oder ihrer Natur nach ausgerichtet
sein sollten. Bei solchen Leistungen erfordert das gleiche Ziel einen
gleichen Maßstab. Bisher fehlte z. B. bei der Gewährung von A u s -
b i l d u n g s b e i h i l f e n diese einheitliche Bemessungsgrundlage, obwohl gerade diese Beihilfen ihren inneren Grund nicht so sehr in einer
früheren Schädigung als vielmehr in der Notwendigkeit der Eingliederung junger Leute in das Erwerbsleben finden. Ausbildungsbeihilfen
wurden in verschiedenartiger Weise nach dem Bundesversorgungsgesetz, dem Heimkehrergesetz, dem Lastenausgleichsgesetz, dem Bundesergänzungsgesetz zur Entschädigung für Opfer der nationalsozialistischen Verfolgung (BEG), von der Arbeitslosenversicherung, der Unfallversicherung und der Fürsorge gewährt. In jüngster Zeit (Dezember

1953 bis Januar 1954) sind die Maßstäbe für die Bemessung der Ausbildungsbeihilfen durch Verwaltungsvorschriften einander angeglichen worden. Es bedarf aber noch einer Abstimmung der gesetzlichen Vorschriften.

Diese Forderung gilt nicht nur für die hier angeführten Beispiele der Familienleistungen und der Ausbildungsbeihilfen, gleiche Grundsätze sollten vielmehr auch bei der B e u r t e i l u n g d e r B e d ü r f t i g k e i t (vgl. die Ausführungen oben S. 82 über „Bedürftigkeitskonkurrenz") und bei der A n r e c h n u n g von anderweiten öffentlichen sozialen Leistungen oder sonstigen Einkünften angewendet werden. Die gegenwärtig bei diesen Regelungen bestehenden Unterschiede dürften weitgehend auf der verschiedenen zeitlichen, „fallweisen" Entstehung der betreffenden Gesetze beruhen; sie sind also historischer Art, jedoch nicht sachlich begründet. Diese fallweise Entstehung sollte aber bei einer Reform der Sozialversicherung und der Sonderversorgungen durch eine Regelung überwunden werden, die für gleiche Sachverhalte und Zwecksetzungen auch gleiche Maßstäbe und Mittel anwendet. Eine solche e i n h e i t l i c h e Regelung dieser und mancher anderer Fragen widerspricht nicht dem Prinzip einer Trennung von Versicherung, Versorgung und Fürsorge, sondern führt erst zu einer sinnvollen Abstimmung untereinander.

C. Als Beispiele für eine v e r s c h i e d e n e R e g e l u n g v e r g l e i c h b a r e r S a c h v e r h a l t e sollen im folgenden der Begriff der B e r u f s u n f ä h i g k e i t und verwandte Bezeichnungen untersucht werden. Alle diese Begriffe — wie etwa die Invalidität, die Minderung der Erwerbsfähigkeit, die schwere Erwerbsbeschränkung, die Arbeitsfähigkeit und die Arbeitsunfähigkeit — erfordern eine doppelte Beurteilung, nämlich eine medizinische und eine wirtschaftliche. Die medizinische Begutachtung wird die körperliche oder geistige Veränderung im Hinblick auf den Versicherungs- oder Versorgungsfall zu messen haben. Da die Erwerbsminderung im allgemeinen durch den Grad der körperlichen und geistigen Leistungsfähigkeit bestimmt wird, könnte das Maß der Beeinträchtigung zugleich die Minderung der Fähigkeiten des Beschädigten im Erwerbsleben bezeichnen (sogenannte physische Invalidität)[30]. Die Bewertung der Erwerbsminderung kann aber auch nach den tatsächlichen Folgen für den Erwerb des Geschädigten erfolgen, und zwar nach der Fähigkeit zur Ausübung des bisherigen Berufes oder eines beliebigen, zumutbaren Berufes („Verweisung auf den allgemeinen Arbeitsmarkt").

---

[30] Vgl. dazu und zum folgenden *Bogs*, „Die rechtlichen Grundlagen der ärztlichen Begutachtung bei Erwerbsminderung", in Archiv für Ohren- usw. Heilkunde, Bd. 161, S. 206, 1952; *Balke* in „Soziale Sicherheit", 1953, Heft 12, S. 354.

Das Sozialrecht kennt nun nicht einen bestimmten Maßstab, sondern wendet alle an. „Das Verwirrende ist, daß die M i n d e r u n g d e r E r w e r b s f ä h i g k e i t b e g r i f f l i c h k e i n e e i n h e i t l i c h e n G r ö ß e n u m f a ß t , sondern von der jeweils beantragten Versicherungsleistung abhängt" (so Balke a.a.O.). Dabei ergeben sich folgende Unterschiede:

a) Es verweisen nach herrschender Lehre und Rechtsprechung[31] auf den allgemeinen Arbeitsmarkt:

die Invalidenversicherung,

die Knappschaftliche Rentenversicherung bezügl. der Knappschaftsvollrente,

die Unfallversicherung,

die Arbeitslosenversicherung,

der Lastenausgleich,

das Bundesversorgungsgesetz und

die Fürsorge;

auf den Berufskreis:

die Angestelltenversicherung,

die Knappschaftliche Rentenversicherung bezügl. der Knappschaftsrente;

auf die bisherige Tätigkeit:

die Krankenversicherung und teilweise auch

das Bundesversorgungsgesetz (§ 30 Abs. 1, Satz 1, 2. Halbsatz);

b) Von der physischen Invalidität gehen aus:

das Bundesergänzungsgesetz (§ 15 Abs. 1) und

das Bundesversorgungsgesetz (§ 30 Abs. 1, Satz 2).

c) Berufsunfähigkeit bzw. Invalidität bzw. Arbeitsunfähigkeit usw. nehmen an bei einer Minderung der Erwerbsfähigkeit

von 50 %

die Invalidenversicherung,

die Angestelltenversicherung,

die Knappschaftliche Rentenversicherung hinsichtlich der Knappschaftsvollrente und

der Lastenausgleich (§ 265 LAG);

von 66²/₃ %

die Arbeitslosenversicherung,

die Arbeitslosenfürsorge und

die Sonderfürsorge (§ 11 b Reichsgrundsätze)[32].

---

[31] Vgl. dazu die kritische Stellungnahme von Bogs in „Recht der Arbeit", 1950, S. 290.

[32] § 11 Abs. 3 der Reichsgrundsätze über Voraussetzung, Art und Maß der öffentlichen Fürsorge i. d. F. des Gesetzes über die Änderung und Ergänzung fürsorgerechtlicher Bestimmungen vom 20. 8. 1953, RGBl. I, S. 967.

In anderer Weise ist die Rentengewährung abhängig bei einer Erwerbsminderung

von 20 % an in der Unfallversicherung,

von 30 % an nach dem Bundesversorgungsgesetz und dem Bundesergänzungsgesetz.

d) Schließlich ist noch der M a ß s t a b f ü r d i e B e u r t e i l u n g
d e r k ö r p e r l i c h e n (o d e r g e i s t i g e n) V e r ä n d e r u n g e n
bei den verschiedenen Versicherungs- und Versorgungsfällen unterschiedlich. Setzt man den Ausgangszustand der Beurteilung gleich
100 %, so bedeuten diese 100 %

in der Unfallversicherung,

nach dem Bundesversorgungsgesetz und

dem Bundesergänzungsgesetz und auch

in der Krankenversicherung (ohne Abstufung nach dem Grad der
Erwerbsminderung)

den vorherigen Zustand des Geschädigten;

in den Rentenversicherungen,

der Arbeitslosenversicherung,

dem Lastenausgleich und

der gehobenen Fürsorge

den gegenwärtigen Zustand eines „Normalverdieners" (Verweisung auf
den Berufskreis oder den allgemeinen Arbeitsmarkt).

In der ersteren Gruppe wird also ein den einzelnen Berechtigten
berücksichtigender, rückschauender, in der letzteren ein generell vor-
ausblickender Beurteilungsmaßstab angewandt.

Bei dieser Zusammenstellung sind die feineren Unterschiede[33] un-
berücksichtigt gelassen (Kausalzusammenhang, dauernde oder vor-
übergehende Invalidität usw.). Auch ist nicht die Wirklichkeit
unseres Rechtslebens einbezogen, die eine v e r s c h i e d e n e
B e u r t e i l u n g d e r E r w e r b s m i n d e r u n g j e n a c h
L a g e d e s A r b e i t s m a r k t e s zeigt, und schließlich sind
die rein ärztlichen Fragen der v e r s c h i e d e n a r t i g e n m e d i z i-
n i s c h e n B e u r t e i l u n g ausgelassen. Von den begutachtenden
Ärzten wird eine so differenzierte Kenntnis des Sozialversicherungs-
und Versorgungsrechts sowie des Arbeitslebens nicht verlangt werden
können. Noch weniger wird dem Versicherten oder Versorgten verständlich gemacht werden können, daß eine etwa in Höhe von 70 % nach
dem Bundesversorgungsgesetz anerkannte Beschädigung zu einer Erwerbsminderung von 50 % in der Invalidenversicherung nicht „reicht"
und daß eine solche verschiedene Beurteilung durchaus mit dem gelten-

---

[33] Vgl. dazu *Bogs*, „Die Wandlung der Begriffe Invalidität und Berufsunfähigkeit" in „Recht der Arbeit", 1950, S. 290; *Dersch*, „Grundriß der sozialen
Rentenversicherung", S. 181 ff."

den Recht übereinstimmen kann. Die Vielfalt der Leistungen führt nicht
nur zu einer Unübersichtlichkeit und zu einer Unverständlichkeit der
Rechtsordnung, sondern nicht selten auch zu einem Gefühl erlittenen
Unrechts und unter Umständen zu einer Reaktion des Geschädigten
gegen vermeintliche Widerrechtlichkeiten. Hier finden Rentenneurosen
ihre Nahrung.

V. Zusammenfassung

Während der Erste Abschnitt des Zweiten Teils von den Prinzipien
der Versicherung, Versorgung und Fürsorge ausging und ihre Einwirkungen auf die Rechtswirklichkeit der sozialen Sicherung untersuchte,
wurde im Zweiten Abschnitt das Gesamtsystem der öffentlichen sozialen Leistungen, wie es sich tatsächlich entwickelt hat, dargestellt.
Dabei konnte gerade an den zuletzt geschilderten Beispielen der
Familienleistungen, der Bemessung der Berufsunfähigkeit usw. gezeigt
werden, daß das gegenwärtige Recht mit seiner Kombination von Leistungen verschiedener „Herkunft" (Versicherung, Versorgung und Fürsorge) erheblich mehr unterschiedliche Gestaltungen kennt, als es bei
einer klareren Trennung der Prinzipien der Versicherung, Versorgung
und Fürsorge erforderlich wäre. Das geltende Recht wendet auch — wie
bei der Kumulierung von laufenden Geldleistungen erkannt wurde —
bei der Zusammenrechnung von Leistungen im allgemeinen eine finale
und damit versicherungsfremde Betrachtung an. — Als weiteres wesentliches Ergebnis der Untersuchungen dieses Abschnittes soll ferner
die mittelbare Wirkung hervorgehoben werden, die das unübersichtliche
System des geltenden Rechts auf die soziale Sicherung ausübt; denn die
Unübersichtlichkeit der vielen Vorschriften stört die Verläßlichkeit der Rechtsordnung und damit das Vertrauen
des Versicherten in seine Sicherungseinrichtun-
gen; so trägt sie dazu bei, den Wert der Versicherung zu beeinträchtigen und reizt zur Ausnutzung von Leistungen an, während sie andererseits den Gedanken an eigene Vorsorge zurückdrängt. Das gegenwärtige Leistungssystem — gleichgültig, ob es im einzelnen auf Versicherung, Versorgung oder Fürsorge beruht — trägt somit in seiner
Gesamtheit, insbesondere bei gehäuftem Auftreten der Kumulierung von Leistungen, zu einer Abschwächung der Verantwortung der
Leistungsempfänger bei. — Es wird im folgenden Dritten Teil des Gutachtens dargelegt werden, daß jede Reform dringend eine Vereinfachung
des Leistungssystems erfordert.

Dritter Teil

Gedanken über mögliche Gestaltungen bei einer Reform des Rechts der sozialen Sicherheit[1]

Erster Abschnitt

Allgemeine Voraussetzungen einer Reform

I. Gesamtreform

Die Untersuchungen im ersten und zweiten Teil dieses Gutachtens über die gegenwärtige Gestaltung des Rechts der sozialen Sicherheit in Deutschland haben zu dem Ergebnis geführt, daß eine außerordentlich enge Verflechtung der Leistungen aus Sozialversicherung, Sonder-

---

[1] Als Material zu den Fragen einer Reform des Rechts der sozialen Sicherheit sei — außer auf zahlreiche weitere Veröffentlichungen in den Fachzeitschriften der Verbände der Versicherungträger und Ärzte — auf folgende Literatur hingewiesen:

1. *Achinger*, Prof. Dr. Hans, „Soziale Sicherheit", Stuttgart, 1953; — vgl. dazu die Diskussion mit Prof. Preller in der Zeitschrift „Sozialer Fortschritt", 1953, S. 156, 242, 269; — „Zur Neuordnung der sozialen Hilfe", 1954.
2. *Achinger, Hoeffner, Muthesius, Neuendörfer:* Neuordnung der sozialen Leistungen, Köln 1955 (im Gutachten nicht mehr berücksichtigt).
3. *Auerbach*, Staatssekretär Dr. Walter, „Sozialpolitik in der Sackgasse" (Schriftenreihe des Reichsbundes der Kriegs- und Zivilbeschädigten, 1951). Neuerdings: „Mut zur sozialen Sicherheit", Köln-Deutz, 1955.
4. *Beveridge*, Lord, „Soziale Sicherheit unter der Lupe", in „The Times" v. 9. 11. 1953, deutsche Übersetzung in „Englische Rundschau", 1953, Nr. 47, S. 607, Nr. 48, S. 617. — Zum englischen System der sozialen Sicherheit vgl. weiter den Briefwechsel Lünendonk/Preller in „Sozialer Fortschritt", 1953, S. 59, 85 und 102.
5. *Bogs*, Prof. Dr. Walter (Herausgeber), „Gegenwartsfragen sozialer Versicherung", Heidelberg, 1950, mit einschlägigen Beiträgen der Professoren Möller, Rohrbeck, Rittig.
6. *Collmer*, Paul, „Neuordnung der sozialen Hilfe, Probleme eines deutschen Sozialplanes", Sonderdruck aus dem Jahresbericht 1952 des Hilfswerks der Evangelischen Kirche in Deutschland, 1953.
7. *Eckert*, „Zur Neugestaltung der deutschen Sozialversicherung", 2. Aufl. 1947.
8. Elsholz, Ministerialrat Dr. Konrad, „Die soziale Entwicklung in der Bundesrepublik" in „Deutsche Versicherungszeitschrift", 1953, S. 75 und 103.
9. *Höffner*, Prof. Dr. Joseph, „Soziale Sicherheit und Eigenverantwortung", Paderborn 1953.
10. *Lünendonk*, Heinrich, Das solidarische Prinzip in der sozialen Krankenversicherung", Heidelberg 1951.

versorgungen und Fürsorge besteht, daß vielfach trotz formalrecht-
licher Zuordnung zur Sozialversicherung die Leistungen Versorgungscharakter haben und daß auch weitgehend Leistungen der Fürsorge
sich einer allgemeinen Versorgung mit garantierten Mindestsätzen und
Rechtsanspruch nähern. Es zeigte sich ferner, daß die verschiedenen
Leistungen trotz unterschiedlicher Rechtsform in ihren Auswirkungen
stark angeglichen sind, und daß vielfach ein innerer Grund fehlt, die
eine oder andere Leistung gerade der Sozialversicherung, der Versorgung oder der Fürsorge zuzurechnen. — Es kommt hinzu, daß nicht
selten Leistungen verschiedener Art derselben Person gewährt werden,
wobei oft Anrechnungen andersartiger Leistungen vorgenommen
werden.

Diese enge Verflechtung von Leistungen im Bereich der sozialen
Sicherung läßt es a u s g e s c h l o s s e n erscheinen, e i n e s i n n -
v o l l e R e f o r m i m B e r e i c h d e s R e c h t s d e r s o z i a -
l e n S i c h e r h e i t a l l e i n a u f d i e S o z i a l v e r s i c h e r u n g
z u b e s c h r ä n k e n. Es muß vielmehr die Gesamtheit aller öffentlichen sozialen Leistungen ins Auge gefaßt und geprüft werden, ob
diese Leistungen ihrem Grund und ihrem Ziel nach besser als Leistungen der Sozialversicherung, der Versorgung oder der Fürsorge zu
gestalten sind.

11. *Mackenroth*, Prof. Dr. G., „Die Reform der Sozialpolitik durch einen deutschen Sozialplan" (1952) und „Die Verpflechtungen der Sozialleistungen"
(1954), in den Schriften des Vereins für Sozialpolitik, Neue Folge, Bd. 4
und Bd. 8. — Die letztgenannte Schrift konnte in diesem Gutachten nicht
mehr näher berücksichtigt werden (vgl. zum Problem der Verflechtungen Zweiter Teil, 2. Abschnitt, II).
12. *Muthesius*, Prof. Dr. H., „Die Frage der Stellung der Fürsorge bei der
Neuordnung der sozialen Hilfe" in „Soziale Arbeit", 1954, S. 483 ff.
13. *Oeter*, Dr. F., „Soziale Sicherheit für Deutschland", 1950. — Neu (im
Gutachten nicht mehr berücksichtigt): Familienpolitik, Stuttgart 1954.
14. *Preller*, Prof. Dr. L., „Weg und Ziel einer Sozialreform" in „Sozialer
Fortschritt" 1955, S. 82 ff.
15. Sozialplan der SPD, hrsg. vom Parteivorstand 1953, vgl. dazu *Preller*,
„Reform der sozialen Sicherung" und *Osterkamp*, „Soziale Sicherung —
Utopie oder Fortschritt", in Gewerkschaftliche Monatshefte 1952, S. 20
und 92.
16. Neuerdings (nicht mehr berücksichtigt) Schreiber, Dr. W., „Existenzsicherheit in der industriellen Gesellschaft", Köln 1955.
17. Zur Reform der Rentenversicherung:
    a) *Arps*, Ludwig, in „Deutsche Versicherungszeitschrift", 1954, S. 58 und
    „Das Umlageverfahren hat versagt" in „Frankfurter Allgemeine Ztg."
    vom 16. 1. 1954.
    b) *Denecke*, J. F. Volrad, „Alters- und Hinterbliebenenversorgung in den
    freien Berufen", in „Sozialer Fortschritt", 1953, S. 128.
    c) *Orda*, „Beitragszahlung und Leistungsanspruch", und „Die Bemessung
    der Beiträge in der sozialen Rentenversicherung", in Bundesarbeits-
    blatt, 1953, S. 164 und 358.
    d) *Tietz*, „Mindestrenten, Höchstrenten und Durchschnittsrenten in der
    Invalidenversicherung und der Angestelltenversicherung" in Bundes-
    arbeitsblatt, 1953, S. 644.

Zusammen mit einer solchen Neuordnung der sozialen Leistungen wird weiter zu prüfen sein, für w e l c h e P e r s o n e n k r e i s e diese Leistungen in Betracht kommen, und ob — trotz der großen Ausdehnung des schon jetzt erfaßten Personenkreises — nicht gerade das bisherige System der „fallweisen Regelung" sozialer Probleme dazu geführt hat, daß trotz der Fülle der Vorschriften und Leistungen doch gewisse notleidende Gruppen der Bevölkerung gewissermaßen „vergessen", also nicht hinreichend gesichert sind.

II. Die beiden möglichen Wege

Bei dem Bestreben, Wege aufzuzeigen, die eine s i n n v o l l e U n t e r s c h e i d u n g d e r L e i s t u n g e n n a c h d e m P r i n z i p d e r V e r s i c h e r u n g, V e r s o r g u n g u n d F ü r s o r g e ermöglichen, ist von der im Ersten Teil dieser Schrift gewonnenen Erkenntnis auszugehen, daß die S o z i a l v e r s i c h e r u n g auch in ihrer klassischen Gestalt eine durchaus eigenständige Form der Sicherung darstellt, die sich von der Individualversicherung in ihrem Wesen unterscheidet. K l a s s i s c h e S o z i a l v e r s i c h e r u n g bedeutet also richtigerweise nicht Versicherung schlechthin, sie beinhaltet vielmehr — wie im Ersten Teil näher erörtert — eine Sicherungsform, bei der der Gedanke der versicherungsmäßigen Selbsthilfe aufs engste verbunden ist mit dem Gedanken des sozialen Ausgleichs innerhalb einer sozialen Gruppe (Versichertengemeinschaft).

Diese klassische Sozialversicherung hat nun im Laufe der vergangenen Jahrzehnte eine g r u n d l e g e n d e W a n d l u n g erfahren, einmal dadurch, daß die G e s e l l s c h a f t, deren Sicherung sie fördern sollte, heute eine wesentlich andere Struktur zeigt als vor bald einem Jahrhundert: Die Zahl der abhängig Beschäftigten hat verhältnismäßig stark zugenommen, dann aber hat sich auch die wirtschaftliche Lage des größten Teils dieser unselbständig Beschäftigten von Grund auf geändert; die ökonomische Lage der breiten Arbeiter- und Angestelltenschichten ist heute derjenigen des früheren „Mittelstandes" (kleine und mittlere Unternehmer, Beamte) stark angeglichen, so daß also die Form der klassischen Sozialversicherung nicht mehr in dem gleichen Maße wie in früheren Jahrzehnten eine Sicherung für die „Armen", sondern eine Sicherung für eine breite Mittelschicht unseres Volkes darstellt. — Zu dieser Änderung des „Gegenstandes", auf den sich die Sicherung durch Sozialversicherung erstreckt, kommt die W a n d l u n g d e s R e c h t s selbst hinzu, wie sie im Zweiten Teil des Gutachtens näher untersucht worden ist. Das Sozialversicherungsrecht hat seit der Entwicklung unseres Staates zum „S o z i a l e n R e c h t s s t a a t"

(Art. 28 I 1 in Verbindung mit Art. 20 I Bonner Grundgesetz), zu dessen Aufgaben die gerechte „Daseinsvorsorge" gehört[2], immer mehr versicherungsfremde Züge angenommen. Das heute geltende Recht der Sozialversicherung zeigt viele Elemente der Versorgung und bei einer Fortführung der bisherigen, entscheidend durch die Kriegsfolgen bedingten „fallweisen" Gesetzgebung würde es in nicht langer Zeit überwiegend eine Versorgung der Arbeitnehmer mit allenfalls versicherungsmäßigem Einschlag darstellen.

In dieser Situation kann eine Reform nur zwei Wege gehen: Entweder man entschließt sich, weiter auf dem Wege zur staatlichen Sicherung durch Versorgung und Fürsorge voranzuschreiten und dabei zu übersichtlichen, klareren Gestaltungen zu gelangen (wobei das englische System Vorbild sein könnte), oder man wirft das Steuer herum, um die Staatshilfe wieder mehr und mehr zurückzudrängen und den Gedanken der Selbsthilfe und Selbstverantwortung des einzelnen für seine und seiner Familie Sicherung stärker als bisher zu verwirklichen.

III. Wirtschaftliche Voraussetzungen der Selbstvorsorge

Dabei wird man sich darüber im klaren sein müssen, daß die Hauptschwierigkeit, den Gedanken der Eigenvorsorge wieder stärker zu betonen, darin liegt, daß infolge der Erfahrungen, die jeder einzelne von uns Älteren nach zwei Weltkriegen mit ihrem Währungsverfall gemacht hat, das V e r t r a u e n i n e i n e S t e t i g k e i t d e s A b l a u f s d e r w i r t s c h a f t l i c h e n V e r h ä l t n i s s e, auf längere Zeit gesehen, stark beeinträchtigt ist. Mir scheint es noch nicht genügend gewürdigt zu werden, daß insbesondere jede Unsicherheit im Bereich der Währung eine Vorsorge des einzelnen für sein Alter, d. h. für eine oft mehrere Jahrzehnte vorausliegende Zeit, nur in begrenztem Umfange möglich macht. Die erste Forderung, die auch von der Sozialpolitik an unsere Wirtschaftsordnung zu stellen ist, muß daher darauf gerichtet sein, s t a b i l e W e r t v e r h ä l t n i s s e, insbesondere stabile Währungsverhältnisse, zu garantieren. Andernfalls wird immer wieder der Staat mit Nachhilfen (Rentenerhöhungen) einspringen müssen, um die Ungerechtigkeit zu beseitigen, die darin liegt, daß die Vorsorge des einzelnen für sein Alter durch eine von ihm in keiner Weise beeinflußte Entwicklung, nämlich die Minderung des Geldwertes, illusorisch wird. Die nach Auffassung des Verfassers wünschenswerte B e l e b u n g

---

[2] Vgl. dazu *Menger*, Der Begriff des sozialen Rechtsstaates im Bonner Grundgesetz (1953), S. 28 ff. und das darin angeführte Schrifttum; ferner *Fechner*, Freiheit und Zwang im sozialen Rechtsstaat (1953), beide Abhandlungen in der Schriftreihe „Recht und Staat", Verlag I. C. B. Mohr, Tübingen.

der Selbstvorsorge und Selbstsicherung kann nur auf der Grundlage einer solchen wirtschaftlich gesicherten Lebensordnung vollzogen werden und würde sich dann wahrscheinlich mehr oder minder „von selbst", d. h. weitgehend ohne Eingreifen des Gesetzgebers, durch Sparen und sonstige Formen der Eigentumsbildung, durchsetzen. — Solange weiten Volkskreisen dieses Gefühl der Beständigkeit der wirtschaftlichen Werte noch fehlt, solange Krieg- und Währungsverfall als möglich in Rechnung gestellt werden, kann der Ruf nach Sicherung durch den Staat nicht verstummen; denn es hat sich — nicht zuletzt am Beispiel der Sozialversicherung — erwiesen, daß in solchen krisenhaften Zeiten selbst der ärmste Staat immer noch bessere Hilfe gewährt, als sie der einzelne durch private Vorsorge im allgemeinen zu schaffen vermag. Es ist nicht so sehr der kollektive Sinn des modernen Menschen, der nach Staatshilfe verlangt, sondern die politische und wirtschaftliche Unsicherheit unserer Zeit, die auch den individualistisch eingestellten Bürger nach öffentlicher Sicherung rufen läßt, — wie etwa die Bestrebungen nach öffentlich-rechtlicher Kollektivvorsorge mancher freier Berufe (z. B. der Kassenärzte) deutlich erkennen lassen.

Es wird somit ernster Prüfung bedürfen, ob die gegenwärtige Lage der Wirtschaft und auch die politische Gesamtsituation eine geeignete Grundlage für eine Selbstsicherung durch Belebung des Versicherungsgedankens darstellen. Unter der Voraussetzung, daß diese Frage bejaht werden kann, sollen im folgenden Pläne für eine Reform des Rechts der sozialen Sicherung entwickelt werden. Dabei werden zunächst M o d e l l e für die verschiedenen (theoretischen) Möglichkeiten einer Reform und die dadurch jeweils bedingten Änderungen des jetzigen Rechtszustandes aufgezeigt werden (Z w e i t e r A b s c h n i t t). Sodann soll versucht werden, einen P l a n f ü r d i e v e r s i c h e - r u n g s m ä ß i g e G e s t a l t u n g, insbesondere der Invaliditäts- und Altersvorsorge, zu entwerfen (D r i t t e r A b s c h n i t t); ob dieser Plan einer Verwirklichung wert ist, müßte durch einen Vergleich mit anderen Lösungsmöglichkeiten festgestellt werden. In einem V i e r t e n A b s c h n i t t werden Fragen einer Reform der Krankenversicherung erörtert. Es folgen zusammenfassende „abschließende Betrachtungen" (F ü n f t e r A b s c h n i t t).

Mögliche Neugestaltungen des Rechts der sozialen Sicherheit

Von dem von Achinger[3] aufgestellten Grundsatz ausgehend, daß es jedenfalls theoretisch möglich wäre, eine umfassende soziale Sicherung jeweils nur in einer Sicherungsform — Versicherung, Versorgung oder Fürsorge — zu gewährleisten, verlohnt es, sich vorzustellen, daß das Recht der sozialen Sicherung nur von einem dieser drei Prinzipien gestaltet ist. Es wird also im folgenden versucht — ähnlich wie in der Volkswirtschaftstheorie — M o d e l l e zu formen; dabei sollen unter der Voraussetzung, daß nur einer der Faktoren (unter denen hier die Grundformen sozialer Sicherung, nämlich Versicherung, Versorgung und Fürsorge begriffen werden) sich ändert, die Einwirkungen der Änderung auf die gesamte Gestaltung des Systems sozialer Sicherung gesondert betrachtet werden.

I. Das Modell rein versicherungsmäßiger Gestaltung

Würde das Recht der sozialen Sicherheit durchgängig von dem Prinzip versicherungsmäßiger Gestaltung beherrscht werden, so müßten nicht unerhebliche Änderungen des geltenden Rechtszustandes eintreten. Dabei ist nicht so sehr daran gedacht, daß bei einem F e h l e n d e s V e r s i c h e r u n g s z w a n g e s — wie er oben als kennzeichnend für die Sozialversicherung im Gegensatz zum freiwilligen Vertragsschluß der Privatversicherung dargestellt wurde — die Sozialversicherung (wenn wir sie dann noch so benennen dürften) viele wichtige sozialpolitische Aufgaben nicht hätte lösen können: Es sei nur die ohne Versicherungszwang kaum mögliche Breitenwirkung unserer gesetzlichen Krankenversicherung (mit im Vergleich zur Privatversicherung sehr niedrigen Verwaltungskosten[4]) und die dadurch bedingte Hebung

---

[3] *Achinger*, Soziale Sicherheit, S. 39.
[4] Die Verwaltungskosten betragen in der privaten Krankenversicherung insgesamt (einschl. Inkasso- und Abschlußkosten) 19,1 v.H. (1952) der Gesamteinnahmen, in der gesetzlichen Krankenversicherung 6,8 v.H. (1951), vgl. dazu Rechenschaftsbericht des Verbandes der privaten Krankenversicherung

der allgemeinen Volksgesundheit und Stärkung der Arbeitskraft des ganzen Volkes erwähnt. — Es soll vielmehr im folgenden davon ausgegangen werden, daß im Rahmen der Sozialversicherung als einer Zwangsversicherung die Anwendung der Versicherungsprinzipien stärker betont wird.

1. Das würde vor allem zur Folge haben, daß in der Sozialversicherung mehr noch als bisher eine T r e n n u n g n a c h d e n v e r - s c h i e d e n e n R i s i k e n erfolgen müßte; denn es ist oben als wesentlich für die private Versicherung erkannt worden, daß möglichst spezielle Prämien erhoben werden. Nur bei einer Trennung der verschiedenen Risiken kann eine versicherungsgemäße Beziehung zwischen Beitrag und Leistung bestehen. Aus diesem Grundsatz folgt etwa, daß das Risiko der I n v a l i d i t ä t und das Risiko des A l t e r s , gegen die heute einheitlich von der Invalidenversicherung Schutz gewährt wird, getrennt und rechnerisch und organisatorisch gesondert behandelt werden müßten (vgl. dazu den Plan im Dritten Abschnitt). — Eine solche Trennung erscheint im übrigen auch deswegen erforderlich, weil eine wirksame Vorbeugung gegen Frühinvalidität — von versicherungsmäßiger Betrachtung aus — in stärkerem Maße zu erwarten ist, wenn der Versicherungsträger sich infolge der Trennung der Risiken stets der besonderen Aufwendungen für die Invalidität bewußt bleibt und dementsprechend Umfang und Zielrichtung seiner vorbeugenden Maßnahmen zur Vermeidung der Frühinvalidität ausrichtet. Es ist hier also der Gedanke maßgebend, daß — ähnlich wie in der Privatversicherung — die gesonderte Behandlung verschiedener Risiken erfahrungsgemäß vorbeugende Maßnahmen zur Vermeidung der Schadensfälle verstärkt.

Gegen eine solche getrennte Behandlung der Risiken von Invalidität und Alter läßt sich unter dem Gesichtspunkt einer finalen Betrachtung vor allem anführen, daß es für die Beseitigung von Not nicht darauf ankommt, auf welche Weise diese Not entstanden ist, sondern wie ihr am wirksamsten abgeholfen werden kann. Wenn also die Hilfe im Falle von Alter und von Invalidität gleichartige Maßnahmen zur Abwendung der Not erfordern würde, so entspräche die Zusammenfassung von Invalidität (bzw. Berufsunfähigkeit) und Alter in den Rentenversicherungen einer finalen Anschauung, die als gleichartige Hilfe gegen Invalidität und Alter die Rentengewährung ins Auge faßt.

2. Für die Rentenversicherung würde das Prinzip versicherungsmäßiger Vorsorge weiterhin erfordern, das K a p i t a l z u r D e c k u n g d e r R e n t e n a n s p r ü c h e rechtzeitig bereitzustellen, also das An-

_____

e.V. (Köln), 1951, S. 36; ferner Vesper in „Die Ersatzkasse", 1953, Heft 12, S. 277 ff. (279), sowie „Die soziale Krankenversicherung im Jahre 1951", herausgegeben vom Bundesministerium für Arbeit, S. 46.

wartschaftsdeckungsverfahren auch tatsächlich wieder durchzuführen (vgl. § 1391 RVO). Es muß betont werden, daß ein v e r s i c h e r u n g s - m ä ß i g e r Aufbau der Rentenversicherung ohne Anwartschafts- deckungsverfahren stets nur ein Torso bleiben kann[5]. Man darf an- nehmen, daß diese Ansicht allgemein geteilt wird, so daß auf eine weitere Begründung hier verzichtet werden kann.

Gegen das Anwartschaftsdeckungsverfahren sprechen allerdings ge- wichtige Bedenken. Es fragt sich, ob das Verlassen des Versicherungs- prinzips nicht bereits so weit fortgeschritten ist, daß eine Rückkehr zum vollen Anwartschaftsdeckungsverfahren nicht mehr möglich ist. In- folge der alten Rentenlast, deren Deckung — soweit sie vorhanden war — durch zwei Inflationen verfallen ist, wären zur Wiederherstel- lung einer Anwartschaftsdeckung hohe Milliardenbeträge erforder- lich[6]. Diese Summe müßte vom Staate aufgebracht werden. Es bedarf keiner besonderen Darlegung, daß die Aufbringung solcher Beträge durch Steuern nicht in Aussicht steht. Selbst wenn dies aber möglich sein sollte, würde dadurch doch wieder ein vom Standpunkt versiche- rungsgemäßer Gestaltung unerwünschter Effekt erzielt; denn wenn der Staat sehr erhebliche Mittel für den Aufbau eines Deckungsstockes zur Verfügung stellen würde, so würde damit die Verzahnung von Staatsfinanzen und Rentenversicherung, wie sie sich als we- sentliches Merkmal einer Staatsversorgung darstellt, nur noch ver- verstärkt werden. Schließlich erscheint es auch volkswirtschaftlich be- denklich, solche erheblichen Mittel bei öffentlich-rechtlichen Körper- schaften festzulegen und sie dem Kreislauf der Wirtschaft zumindest teilweise zu entziehen[7]. Die Ansammlung solcher Vermögensmassen in der Hand weniger Verfügungsberechtigter würde nicht ohne gefähr- liche Auswirkungen auf das System der sozialen Marktwirtschaft blei- ben und innerhalb des Staates einen wirtschaftlichen und machtmäßigen Schwerpunkt bilden, dessen wirtschaftliche und politische Bedeutung und Gefahr nicht zu übersehen sind. Es sollte daher auch von zustän- diger Seite in der Öffentlichkeit klar ausgesprochen werden, daß eine Rückkehr zum Anwartschaftsdeckungsverfahren in vollem Ausmaß — d. h. unter Einbeziehung der alten Rentenlast — nicht möglich ist. —

---

[5] Vgl. dazu die Ausführungen von *Arps* in „Deutsche Versicherungszeit- schrift", 1954, S. 58 ff.

[6] *Arps* beziffert in seiner in der vorhergehenden Anmerkung genannten Abhandlung das versicherungstechnische Defizit der Rentenversicherung auf „40, 50 oder noch mehr Milliarden DM", ohne damit einen irgendwie sicheren Betrag nennen zu wollen. — Nach der versicherungstechnischen Bilanz, die vom Bundesarbeitsministerium für den 1. 7. 1954 aufgestellt wurde, beträgt der versicherungstechnische Fehlbetrag in der Invalidenversicherung 15,441 Mlrd. und in der Angestelltenversicherung 647 Millionen DM.

[7] Vgl. *Achinger*, a.a.O., S. 120 f. — *Arps* a.a.O. schlägt vor, die alte Renten- last durch eine verzinsliche „ewige Bundesschuld" zu decken, was doch aber wirtschaftlich keine versicherungsgemäße Deckung wäre.

Wollte man aber die Anwartschaftsdeckung nur für neu anfallende Renten einführen, so würde die große Mehrzahl aller schon laufenden Renten als „Versorgungsrenten" anzusprechen sein und damit das Schwergewicht der gesamten Rentenversicherung auch de jure bei der Versorgung liegen.

3. Hinsichtlich der schon oben S. 76 ff. eingehend behandelten K u - m u l i e r u n g v o n G e l d l e i s t u n g e n würde eine rein versicherungsmäßige Betrachtung dazu führen, daß eine A n r e c h n u n g von anderweiten öffentlichen Einkünften auf öffentliche soziale Leistungen nicht stattfindet. Die Bedenken, die gegen eine solche Regelung sprechen, sind bei dem geltenden System sozialer Sicherheit mit seinen zahlreichen Überschneidungen offenkundig: Während auf der einen Seite die Finanzkraft der Versicherungsträger überfordert sein könnte, würden andererseits oft Versicherte gehäufte Leistungen erhalten, die sie in diesem Umfange gerade nicht nötig haben. Die strenge Durchführung des Grundsatzes, daß durch jeden Beitrag versicherungsmäßig eine Anwartschaft auf eine bestimmte Leistung begründet wird, könnte also sozialpolitisch zu unerwünschten Ergebnissen führen.

4. Für die K r a n k e n v e r s i c h e r u n g würde eine Durchführung des Versicherungsprinzips eine organisatorische T r e n n u n g b e i d e r G e w ä h r u n g v o n G e l d - u n d S a c h l e i s t u n g e n und eine Begrenzung der Sachleistungen zur Folge haben müssen, da die Krankenpflege (insbesondere die ärztliche Behandlung) dem Risiko der Krankheit, die Geldleistungen (insbesondere Krankengeld) aber dem andersartigen Risiko der Arbeitsunfähigkeit entsprechen[8].

a) Demgemäß müßte — wie in der Rentenversicherung eine Trennung der Risiken der Invalidität und des Alters — bei versicherungsmäßiger Gestaltung für die Krankenversicherung eine A u f t e i l u n g n a c h d e n R i s i k e n d e r K r a n k h e i t u n d d e r d u r c h A r - b e i t s u n f ä h i g k e i t b e d i n g t e n E r w e r b s m i n d e r u n g vorgenommen werden. Beide Risiken lassen sich durchaus voneinander trennen; denn nicht jeder, der krank ist, ist arbeitsunfähig, und nicht jeder Arbeitsunfähige verliert sein Einkommen. So wird etwa das Einkommen eines Betriebsinhabers nur dann durch Arbeitsunfähigkeit gemindert, wenn der Betrieb von seiner persönlichen Arbeit abhängt; auch bei Angestellten tritt eine Minderung der Einkünfte infolge Arbeitsunfähigkeit erst nach sechs Wochen ein (vgl. § 616 Abs. 2 BGB, § 63 HGB).

Die zwei Risiken der Krankheit und der durch Arbeitsunfähigkeit hervorgerufenen Einkommensminderung werden regelmäßig auch in

---

[8] Es sei hier bemerkt, daß — wie allgemein bekannt — unsere Krankenversicherung mehrere Risiken umfaßt: Krankheit, Arbeitsunfähigkeit, Geburt (Wochenhilfe) und Tod (Sterbegeld).

der Privatversicherung getrennt behandelt, nämlich in der Krankheitskostenversicherung und in der Tagegeldversicherung. Die gleiche Trennung der Risiken würde sich bei allein versicherungsmäßiger Betrachtung auch für die soziale Krankenversicherung empfehlen. Dadurch
würde auch in der gesetzlichen Krankenversicherung die Beziehung
zwischen Beitrag und Leistung betont und auch der für die Ansprüche
der Ärzte an die soziale Krankenversicherung zur Verfügung stehende
Beitragsteil klarer abzugrenzen sein.

Andererseits darf nicht verkannt werden, daß der Ausgleich von
Geld- und Sachleistungen innerhalb e i n e s Versicherungsträgers die
Anpassung der Krankenversicherung an veränderte Verhältnisse er-
leichtert und ihr eine größere Beweglichkeit verleiht.

b) In Anlehnung an die Methoden der privaten Krankenversicherung
wäre bei versicherungsgemäßer Gestaltung auch eine B e t e i l i g u n g
d e r V e r s i c h e r t e n an den Kosten der ärztlichen Behandlung, der
Krankenhauspflege, der Arzneien und Heilmittel sowie die Festsetzung
von Höchstsummen für diese Arten der Krankenpflege und der Ausschluß „alter Leiden" aus dem Versicherungsschutz zu fordern. Weiter
müßte auch die Dauer der Krankenpflege beschränkt werden. Es ist
offensichtlich, daß eine solche Beschränkung der Kassenleistungen
sozialpolitische Errungenschaften aufgeben würde, auf die die gesetzliche Krankenversicherung mit Recht besonders stolz ist. Gerade bei
schweren Krankheitsfällen würde der Versicherte durch diese Maßnahmen stark benachteiligt werden. Es fragt sich also, ob eine solche
versicherungsmäßige Gestaltung der Krankenversicherung wirklich
wünschenswert ist.

5. Für die gesamte Sozialversicherung würde bei rein versicherungsmäßiger Gestaltung besonders zu fordern sein, daß der s o z i a l e
A u s g l e i c h zwischen höheren und niederen Einkommensempfängern
sowie nach dem Familienstand aufgegeben wird. Beide Methoden sind
— wie im Ersten Teil dieser Schrift dargelegt — mit dem Versicherungsprinzip nicht vereinbar. Dieses würde vielmehr eine Gewährung
von Leistungen allein nach der Höhe der — der Größe des individuellen
Risikos angepaßten — Beiträge, nicht aber nach der Höhe des Einkommens des Versicherten erfordern. Mit einer solchen Gestaltung
würde dann allerdings das wesentlichste Merkmal der Sozialversicherung aufgegeben werden, die gerade durch eine Solidarität der Versicherten und damit ein Eintreten der wirtschaftlich Stärkeren für die
wirtschaftlich Schwächeren innerhalb der Versichertengemeinschaft gekennzeichnet ist.

Aus diesen Überlegungen folgt, d a ß d a s M o d e l l e i n e r
s t r e n g v e r s i c h e r u n g s m ä ß i g e n G e s t a l t u n g d e r S o-
z i a l v e r s i c h e r u n g w e i t g e h e n d e i n e n V e r z i c h t a u f

eine sozialpolitische Wirkung bedeuten würde, wie sie seit jeher von der Sozialversicherung erstrebt wurde. Man mag von den genannten Maßnahmen die eine oder die andere ohne Gefahr für die Sozialversicherung einführen können, eine allgemeine Übertragung der Prinzipien der Individualversicherung auf die Sozialversicherung ist abzulehnen.

II. Modell einer echten Sozialversicherung

Im Ersten Teil dieser Arbeit (über das Wesen der Sozialversicherung) sind drei besondere Prinzipien behandelt, durch die sich die Sozialversicherung sowohl von der Privatversicherung als auch von der Versorgung und Fürsorge unterscheidet: der Aufbau der Sozialversicherung nach sozialen Gruppen, die Herbeiführung eines sozialen Ausgleichs innerhalb dieser Gruppen (Versichertengemeinschaft) und die Beteiligung des Staates bei Aufbau und Finanzierung der Sozialversicherung. Geht man von diesen Wesensmerkmalen der Sozialversicherung aus und prüft, inwieweit sie bei einer Reform des geltenden Rechts der sozialen Sicherung noch stärker zum Ausdruck gebracht werden könnten, so ergeben sich folgende Überlegungen:

1. Der Gedanke einer sozialversicherungsmäßigen Gestaltung würde erfordern, daß die Sozialversicherung auf echte soziale Gruppen bezogen wird; denn nur in diesem Falle ist (vgl. Erster Teil) eine zwangsweise Zusammenfassung zu Versichertengemeinschaften gerechtfertigt und ein sozialer Ausgleich innerhalb dieser Gruppen sinnvoll. Daraus folgt vom Standpunkt der Sozialversicherung die Ablehnung einer Einheitsversicherung und die Förderung von Bestrebungen sozialer Gruppen nach Selbständigkeit ihrer Versicherung. Unter diesem Gesichtspunkt ist also z. B. die besondere Gestaltung der Versicherung für Bergleute, für die Landwirtschaft, für die Seeschiffahrt und auch für Angestellte nicht nur gerechtfertigt, sondern könnte sogar als Vorbild für eine Gliederung der Sozialversicherung nach sozialen Gruppen dienen, sofern diese Gruppen als Berufsstände oder doch als Gemeinschaften gleichgestellter Berufe oder in den gleichen Wirtschaftszweigen Tätiger gelten können.

Es ist jedoch zweifelhaft, ob in unserer heutigen Gesellschaft noch solche hinreichend gefestigten sozialen Gruppen bestehen, die sich vor allem nach ihrer Stellung im Produktionsprozeß (Beruf, Betrieb, Wirtschaftszweig) unterscheiden. Es ist auch zu erwägen, ob nicht das früher stärker vorhandene Bewußtsein, einer solchen Gruppe anzugehören, in jüngster Zeit dadurch wesentlich geschwächt worden ist, daß Versorgung und gehobene Fürsorge ohne Rücksicht auf den sozialen Standort des Empfängers ihre Leistungen gewähren und so einer solchen

Aufgliederung entgegenwirken. Es wird also zu überlegen sein, ob es für eine Wiederherstellung von Versichertengemeinschaften als echten sozialen Gruppen nicht bereits zu spät ist.

2. Dagegen erscheint es wohl möglich, den s o z i a l e n A u s g l e i c h innerhalb der Sozialversicherung stärker zum Ausdruck zu bringen. Das gilt besonders hinsichtlich der B e r ü c k s i c h t i g u n g d e s F a - m i l i e n s t a n d e s. So könnten etwa die Geldleistungen stärker als bisher zwischen Ledigen, Verheirateten und Verheirateten mit Kindern abgestuft werden, und der Familienstand sollte auch bei Festlegung der Versicherungspflichtgrenzen berücksichtigt werden, soweit diese überhaupt bei mehr gruppenmäßiger Gliederung beibehalten werden.

Bei einer Verstärkung des sozialen Ausgleichs wird jedoch zu be- rücksichtigen sein, daß dieser Weg zu einer Abschwächung des Ver- sicherungsprinzips führt. Ausgleich der Familienlasten und Versiche- rungsprinzip stehen sich bei Gestaltung der Sozialversicherung feind- lich gegenüber.

3. Eine ähnliche Betrachtung läßt sich für die B e t e i l i g u n g d e s S t a a t e s anstellen. Da die Sozialversicherung ihrem Wesen nach auf Staatshilfe angewiesen ist und auch in Zukunft angewiesen bleiben wird, kommt es hier darauf an, das rechte Maß zwischen Staatshilfe und genossenschaftlicher Selbsthilfe der Versichertengemeinschaft zu finden. Jede weitere Zunahme der Staatshilfe schwächt diese genossen- schaftliche Selbsthilfe. Auf der anderen Seite kann nicht verkannt wer- den, daß eine genossenschaftliche Selbsthilfe, die unzureichend ist, dieses Prinzip selbst diskreditiert. Das bedeutet, daß eine staatliche Hilfe für die Sozialversicherung wohl kaum hinter der Beteiligung des Staates zurückbleiben kann, wie sie heute erreicht ist. Es ist aber bereits oben (S. 53 ff.) dargelegt, daß die gegenwärtige Beteiligung bereits zu einer Annäherung an das Versorgungsprinzip geführt hat; ein stärkeres Voranschreiten auf diesem Wege würde die Sozialversicherung trotz aller versicherungsmäßigen Rechtsformen zwangsläufig zu einer Ver- sorgung werden lassen.

Die Verwirklichung des Modells einer echten Sozialversicherung würde also eine finanzielle Sicherung durch Beiträge voraussetzen, die eine stärkere Beteiligung des Staates bei der Aufbringung der Mittel ausschließt. Es wäre daran zu denken — entsprechend den Vorschlägen von Arps (Deutsche Versicherungszeitschrift, 1954, S. 58 ff.) —, die So- zialversicherung durch einen einmaligen großen „Staatsbeitrag" (Staats- schuld) von ihrer alten Rentenlast weitgehend zu befreien und den neuen Rentenbestand nach den Grundsätzen echter Sozialversicherung unter mäßiger Beteiligung des Staates (zusätzliche Staatsrente, vgl. unten Dritter Abschnitt) aufzubauen. Daß auch bei einer solchen Tei- lung der Rentenlast der versorgungsmäßige Einschlag der gesamten

Rentenversicherung sehr groß wäre, ist schon dargelegt, — er würde aber mit dem Fortfall der alten Renten allmählich geringer werden, und die Sozialversicherung könnte — bei Stabilität der Währung — wieder eine ihrem Charakter als sozialer Versicherung entsprechende stärkere Unabhängigkeit von den Staatsfinanzen erlangen. Die Aussicht auf eine solche spätere Entwicklung dürfte aber nicht die Bedenken ausräumen, die grundsätzlich gegen die Umwandlung der alten Renten („alte Last") in staatliche Versorgungsrenten sprechen.

III. Modell versorgungsmäßiger und fürsorgemäßiger Gestaltung

1. Es erübrigt sich, ein Modell versorgungsmäßiger Gestaltung zu entwerfen, da das bekannte e n g l i s c h e S y s t e m der sozialen Sicherheit diesem weitgehend entspricht. Kennzeichen des englischen Systems ist die Erfassung aller Bevölkerungskreise, die Gleichheit der „Beiträge" für bestimmte Bevölkerungsgruppen und entsprechende Gleichheit der Leistungen. Allerdings muß angemerkt werden, daß das Modell einer versorgungsmäßigen Gestaltung auch dahin modifiziert werden könnte, daß die „Beiträge" entsprechend dem deutschen System nach der Höhe des Arbeitsentgeltes erhoben und die Leistungen von der Höhe der Beiträge abhängig gemacht werden, so daß der Stand der Leistungen mehr dem bisherigen Lebensstandard des einzelnen Berechtigten angepaßt wäre. Damit würde der Versorgungscharakter zugunsten des Versicherungsgedankens abgeschwächt und eine Mischform von allgemeiner Volksversorgung und sozialer Versicherung entstehen. Der Nachteil einer solchen Regelung bestände darin, daß auch bei einem solchen Mischsystem von einer echten Selbsthilfe der Versichertengemeinschaft nicht mehr gesprochen werden könnte.

2. Theoretisch wäre es auch möglich, die gesamte soziale Sicherung als ein System von F ü r s o r g e l e i s t u n g e n zu gestalten. Eine Rückkehr zum Fürsorgeprinzip, wie es vielfach für bestimmte Bereiche offenbar auch von Achinger befürwortet wird, würde jedoch gerade die Errungenschaften aufgeben, die in einem sozialen Rechtsstaat von ausschlaggebender Bedeutung sind, nämlich die nicht von individueller Bedürftigkeit abhängigen Rechtsansprüche der Leistungsempfänger. Sie würde damit auch zu einem Verlust des Versicherungsprinzips führen. Man mag bei einzelnen Leistungen eine Verstärkung i n d i v i d u e l l e r H i l f e befürworten, insgesamt muß jedoch gesagt werden, daß die weitgehend gleichartigen sozialen Notstände bestimmter Gruppen der industriellen Massengesellschaft nicht wirksam mit dem Fürsorgeprinzip bekämpft werden können. Es würde damit auch die Für-

sorge mehr noch, als es schon heute durch massenhafte Gewährung laufender Geldleistungen („Sozialrenten") der Fall ist, ihres eigentlichen Wesens als subsidiäre, die individuelle Lage des Bedürftigen berücksichtigende Unterstützungsform entkleidet und so der allgemeinen Nivellierung Vorschub geleistet werden.

Dritter Abschnitt

Entwurf von Grundsätzen für eine mögliche Neuordnung der Rentenversicherung als echter Sozialversicherung unter verstärkter Betonung des Versicherungsgedankens

Die dem Gutachter gestellte Aufgabe, nach einer Darstellung der gegenwärtigen Lage der Sozialversicherung (Erster und Zweiter Teil dieser Schrift) die Möglichkeiten einer Reform des geltenden Rechts unter Beibehaltung der Unterscheidung von Versicherung, Versorgung und Fürsorge zu untersuchen, soll — über die in den beiden vorhergehenden Abschnitten angestellten allgemeineren „Modellbetrachtungen" hinaus — nunmehr an einem gewichtigen realen Institut, nämlich der bestehenden Rentenversicherung, näher durchgeführt werden.

Um zu prüfen, wieweit die M ö g l i c h k e i t einer solchen versicherungsgerechten Gestaltung unserer Sozialversicherung tatsächlich besteht, soll im folgenden der Versuch unternommen werden, einen Plan für die Reform der Rentenversicherung zu entwerfen, bei dem — entsprechend der gestellten Aufgabe — die versicherungsmäßigen Leistungen von denen staatlicher Versorgung und öffentlicher Fürsorge möglichst klar getrennt, andererseits aber die Grundgedanken der Sozialversicherung, wie sie im Ersten Teil des Gutachtens entwickelt worden sind (sozialer Ausgleich, Staatsbeitrag), nicht aufgegeben werden. Daß es sich dabei nicht schon um Vorschläge für eine Reform, sondern um zur Diskussion gestellte Gedanken über mögliche Formen künftiger sozialer Sicherung handelt, sei ausdrücklich vermerkt.

I. Grundgedanken des Planes

Bei einer solchen Reform der Rentenversicherung und der Sozialversicherung überhaupt muß von einfachen, klaren Regelungen ausgegangen werden, deren sozialpolitischer Gehalt leicht erkennbar ist und aus denen der Versicherte ohne allzu große Mühe eine Maxime für ein bestimmtes selbstverantwortliches, solidarisches Handeln ableiten kann. Die Einstellung des Versicherten soll dabei so beeinflußt werden, daß sich der größte Vorteil für ihn ergibt, wenn er selbst zu seiner sozialen Sicherung möglichst viel beiträgt. Mag auch das der

Sozialversicherung notwendig eigene System der Zwangsversicherung eine Selbstvorsorge — d. h. eine auf freiem Entschluß und eigener Wahl beruhende Vorsorge — in reiner Form nicht zulassen, so muß doch trotz des staatlichen Zwanges und des Einstehens der Versicherten füreinander (insbesondere für die schwächeren Mitglieder der Versichertengemeinschaft) bei dem einzelnen Versicherten der Gedanke wachgehalten und gestärkt werden, daß die — ihm zwar aufgezwungene — gemeinschaftliche Vorsorge immerhin durch seine eigene Leistung ermöglicht und in ihrem Umfang bestimmt wird. Eine solche Stärkung der Selbstverantwortung ist notwendig, um eine Ausnutzung der Sozialversicherung zu vermeiden, um die Staatshilfe in angemessenen Grenzen zu halten und um dem Versicherten das Gefühl der eigenen Leistung und Verantwortung zu geben. D i e ses P r i n z i p d e r S e l b s t h i l f e u n d d e r S e l b s t v e r a n t w o r t u n g ist zusammen mit dem Gedanken der g e m e i n s c h a f t l i c h e n V o r s o r g e der ethische Gehalt jeder Versicherung (vgl. Erster Teil, S. 29). Für eine Reform der Sozialversicherung kommt es weniger darauf an, die Rechtsform der Versicherung zu betonen, es ist vielmehr wichtig, das ihr zugrunde liegende Prinzip der gemeinschaftlichen Selbsthilfe auf einfache und verständliche Weise zur Geltung zu bringen. Es muß also für die Versicherten ein Anreiz geschaffen werden, für sich selbst vorzusorgen, und ihnen die Gewißheit gegeben werden, daß ihre Vorsorge und damit ihr zeitweiliger Konsumverzicht ihnen später tatsächlich zugute kommt.

Das Prinzip der gemeinschaftlichen Selbsthilfe findet erst dort seine Grenze, wo ein Mindestmaß an sozialer Sicherung nicht erreicht wird und — aus von dem Versicherten im allgemeinen nicht beeinflußbaren Ursachen — auch nicht erreicht werden konnte. Entsprechend dem zweiten Grundgedanken der Sozialversicherung, wirtschaftlich schwachen Bevölkerungskreisen sozialen Schutz zu gewähren, muß in diesen Fällen der S t a a t zusätzlich — etwa durch Erhöhung der Steigerungsbeträge oder zusätzliche Staatsrenten („Staatshifen", s. unten) — helfen.

A. Diese Grundgedanken einer Reform der Sozialversicherung könnten im Bereich der Rentenversicherung wie folgt verwirklicht werden:

1. Zur Aktivierung des Gedankens der Selbsthilfe und der Selbstverantwortung ist eine verstärkte Abhängigkeit von Beitragshöhe und Beitragsdauer einerseits und Rentenhöhe andererseits notwendig. D i e R e n t e s o l l d a h e r a l l e i n a u s S t e i g e r u n g s b e t r ä g e n b e s t e h e n („B e i t r a g s r e n t e"); dabei müßte das Verhältnis zwischen Beitragsleistung und Rente so beschaffen sein, daß für den Versicherten ein Anreiz zur Entrichtung möglichst hoher Beiträge entsteht.

2. Die Beitragsrente muß bei normalem Arbeitsleben zur Bestreitung eines angemessenen Lebensunterhaltes ausreichen, also etwa

65 % des Lohnes betragen. Um eine solche Rentenhöhe zu erreichen, wird erforderlichenfalls — an Stelle der bisherigen Grundbeträge — zu jedem aus Beiträgen gedeckten Steigerungsbetrag ein prozentualer Staatszuschuß (in geringer Höhe) gewährt.

3. Soweit diese „Beitragsrenten" — etwa bei nur kurzer Beitragszahlung — zur notwendigen Lebensführung nicht ausreichen, sind S t a a t s r e n t e n („Staatshilfen") zusätzlich zu zahlen, jedoch nur unter Anrechnung von bestimmten sonstigen laufenden Einkünften.

4. Zur Wiederherstellung des Vertrauens der Versicherten in den Bestand ihrer Vorsorge bedarf es besonderer staatlicher Maßnahmen, um die Rentenhöhe jeweils einem veränderten Lebensstandard, wie er sich in der Regel in höheren Löhnen ausdrückt, anzupassen.

5. Reichen ausnahmsweise Beitragsrente und Staatsrente aus in der Person des einzelnen Versicherten liegenden Gründen nicht aus, einen — individuellen — Notstand zu beseitigen, so hilft die öffentliche F ü r s o r g e nach individueller Bedürftigkeitsprüfung.

B. Für die Bemessung und Berechnung der einzelnen Rente und für die Finanzierung der Rentenleistungen erscheint eine grundsätzlich v e r - s c h i e d e n e B e t r a c h t u n g u n d R e g e l u n g b e z ü g l i c h d e r A l t e r s r e n t e n u n d d e r R e n t e n b e i v o r z e i t i - g e m E i n t r i t t d e r I n v a l i d i t ä t (Invaliditätsrenten) geboten. Das ergibt sich aus dem sehr u n t e r s c h i e d l i c h e n R i s i k o der Erreichung eines bestimmten höheren Alters (65 Jahre) und dem Risiko der vorzeitigen Minderung oder des Verlustes der Erwerbsfähigkeit im Verlaufe des Arbeitslebens und folgt aus der verschiedenartigen sozialen Lager der Altersrentner und der Invalidenrentner sowie den verschiedenartigen sozialpolitischen Zielen bei der Rentengewährung. Die Altersrente wird am Ende eines normalen Berufslebens und zum Ausgleich einer nicht als regelwidrig empfundenen dauernden Erwerbsunfähigkeit gewährt; auch wenn der Altersrentner noch arbeitsfähig sein sollte, so muß doch damit gerechnet werden, daß diese Arbeitsfähigkeit in relativ kurzer Zeit abnimmt und nicht wiederhergestellt werden kann. Bei vorzeitiger Invalidität dagegen ist der normale Lebensablauf durch Unfall, Krankheit oder aus anderen Gründen unterbrochen worden; soweit eine nur teilweise Erwerbsbeschränkung vorliegt, ist — auf die Dauer gesehen — eine teilweise Verwendung der Arbeitskraft oft noch möglich, und darüber hinaus kann auch eine Wiederherstellung der vollen Erwerbsfähigkeit, evtl. in einem anderen Beruf, erreichbar sein. D e m g e m ä ß w ä r e d i e b i s h e r i g e e i n - h e i t l i c h e R e n t e n v e r s i c h e r u n g a u f z u t e i l e n i n d i e „A l t e r s v o r s o r g e" (II) und die „I n v a l i d i t ä t s v o r s o r g e" (III).

II. Die Altersvorsorge

A. Die Bemessung der Altersrente („Beitragsrente")

Das Prinzip der Selbsthilfe muß seinen stärksten Ausdruck bei der Gewährung und Bemessung der Einzelrente finden.

1. Dementsprechend muß daran festgehalten werden, daß nur derjenige eine Rente erhält, der eine bestimmte Zahl von Beiträgen geleistet hat. Er muß demnach, wie im bisherigen Recht, die W a r t e - z e i t erfüllt haben. — Auf die besonderen Probleme der Anwartschaft soll hier nicht näher eingegangen werden (über die Versicherungselemente der Anwartschaftsbestimmungen vgl. oben Zweiter Teil, 1. Abschnitt, S. 67 ff.); ihre Beseitigung sollte schon aus Gründen der Vereinfachungn des Rechts der sozialen Sicherung und zur Vermeidung vieler Ungerechtigkeiten in Betracht gezogen werden[9]. Es sollte erwogen werden, ob sie etwa durch nach dem Lebensalter abgestufte Steigerungsbeträge — im Sinne versicherungsmäßiger Gestaltung — ersetzt werden kann.

2. Über diese allgemeine Abhängigkeit von Beitragsdauer und Rente hinaus erfordert es das Prinzip der Selbsthilfe, daß Höhe und Zahl der Beiträge sich in der Rente auswirken. Das soll dadurch erreicht werden, daß für die einzelnen Beiträge S t e i g e r u n g s b e t r ä g e gewährt werden. Diese Steigerungsbeträge müssen so bemessen werden, daß dem Versicherten der Vorteil eines höheren Beitrages deutlich zum Bewußtsein kommt, sie müssen also erheblich h ö h e r a l s b i s h e r festgesetzt werden; erforderlichenfalls (d. h. falls die nähere Berechnung ergeben sollte, daß die reine Beitragsrente nach etwa 35 bis 40 Arbeitsjahren nicht eine Höhe von etwa 65 % des Lohnes erreicht) müßte der Staat aus seinen Mitteln die Steigerungsbeträge angemessen erhöhen. Die möglichst weitgehende Durchführung des Prinzips der Selbsthilfe erfordert im übrigen, daß dem Versicherten grundsätzlich keine Leistungen gewährt werden, die von der Höhe seiner Beiträge unabhängig sind. Daraus folgt der W e g f a l l d e s G r u n d b e t r a - g e s. Die künftige Rente würde daher, wie in der Knappschaftsversicherung bereits weitgehend gegeben, nur aus Steigerungsbeträgen bestehen (sog. „Beitragsrente"). — Der Wegfall der Grundbeträge zwingt andererseits zu einer solchen Bemessung der Steigerungsbeträge, daß auch die Erlangung einer reinen Beitragsrente dem Versicherten er-

---

[9] Es sei auch darauf hingewiesen, daß der Verlust jeglicher Ansprüche gegen den Versicherungsträger bei Nichterhaltung der Antwartschaft nicht versicherungsgerecht ist: Wenn die Wartezeit nicht erfüllt war und daher noch kein Versicherungsschutz (für den Fall der Invalidität) eingetreten war, müßte wenigstens das „Deckungskapital" ausgezahlt werden.

strebenswert erscheint. Ein Anreiz zu eigener Vorsorge durch Beitragsleistung wird nur dann bestehen, w e n n d u r c h l a u f e n d e B e i t r a g s l e i s t u n g e n i m R e g e l f a l l e i n e h i n r e i c h e n d e A l t e r s s i c h e r u n g i n a n g e m e s s e n e r H ö h e e r r e i c h t w e r d e n k a n n. Würde der Versicherte damit rechnen müssen, trotz regelmäßiger Beitragszahlung zusätzlich zu seiner Rente noch Fürsorgeleistungen in Anspruch nehmen zu müssen, so würde eine persönliche Vorsorge durch Beitragsleistungen keinen Vorteil für ihn haben und keinen Anreiz auf ihn ausüben, weil er ja doch den zum notwendigen Lebensunterhalt erforderlichen Restbetrag aus öffentlichen Mitteln erhält. D i e z u s ä t z l i c h e G e w ä h r u n g v o n l a u f e n d e n L e i s t u n g e n z u e i n e r R e n t e d u r c h d i e F ü r s o r g e m i n d e r t d a s V e r a n t w o r t u n g s g e f ü h l d e r V e r s i c h e r t e n.

3. Aus diesen Gründen müssen die Steigerungbeträge so hoch bemessen sein, daß die B e i t r a g s r e n t e des Versicherten bei einem normalen Arbeitsleben von etwa 35 bis 40 Jahren stest e r h e b l i c h ü b e r d e m F ü r s o r g e r i c h t s a t z liegt. Sie sollte etwa 65 % d e s A r b e i t s e n t g e l t e s eines voll Erwerbsfähigen der betreffenden Berufsgruppe zur Zeit des Versicherungsfalles erreichen. Die Beitragsrente würde dann, ganz anders als im englischen System, gewissermaßen eine geminderte Fortzahlung des früheren Lohnes darstellen und — zumal bei Ergänzung durch sonstige Eigenvorsorge — in etwa eine Beibehaltung des bisherigen Lebensstandards ermöglichen.

4. Allerdings erfordert hier der soziale Gedanke in der Sozialversicherung eine gewisse Abschwächung des reinen Versicherungsprinzips, denn auch bei solcher generellen Bemessung der Rente (65 % des Lohnes) wird sich in einer Reihe von Fällen zeigen, daß die Rente den Fürsorgerichtsatz nicht erreicht oder nicht überschreitet. Es beeinträchtigt das Streben dieser Versicherten, für ihre Zukunft vorzusorgen, wenn sie durch ihre Beiträge nicht mehr erreichen, als das, was sie ohne Beiträge ebenfalls (von der Fürsorge) erhalten könnten. Daher muß b e i n i e d r i g e n B e i t r ä g e n, a l s o b e i n i e d r i g e n L ö h n e n, e i n e s t ä r k e r e S t e i g e r u n g u n d b e i h o h e n L ö h n e n e i n e e n t s p r e c h e n d g e r i n g e r e S t e i g e r u n g d e r R e n t e vorgesehen werden. Der Steigerungssatz könnte etwa so bemessen sein, daß bei normalem Arbeitsleben die Rente 65 % des Arbeitsentgeltes in der mittleren Lohngruppe, 70 % in der unteren Lohngruppe und etwa 60 % in der oberen Lohngruppe erreicht. Ein s o l c h e r A u s g l e i c h innerhalb der Versichertengemeinschaft ist mit dem Gedanken der Sozialversicherung nicht nur zu vereinbaren, sondern wird geradezu von ihm gefordert und entspricht ihm seit altersher (vgl. z. B. im geltenden Recht Gewährung gleicher Krankenpflege ohne Rücksicht auf Größe der Familie an Ver-

sicherte und Mitversicherte bei nach dem Arbeitsentgelt gestaffelten Beiträgen).

Diese Grundsätze für die Bemessung der Steigerungsbeträge und damit der Renten sollen nicht unmittelbar bei der Berechnung der Einzelrente angewandt werden, sondern dienen nur zur generellen Ermittlung der Steigerungsbeträge, die erforderlich sind, um bei einem normalen Arbeitsleben eine Beitragsrente in Höhe von 60, 65 bzw. 70 % des Lohnes zu erlangen. Es kann somit nicht in jedem einzelnen Falle damit gerechnet werden, daß eine Rente in solcher Höhe tatsächlich erreicht wird. Im Einzelfall kann sich insbesondere durch Arbeitsunterbrechungen und Ausscheiden aus der Versicherung ein anderes Verhältnis zwischen Rente und Lohn ergeben.

5. Aus dem Grundgedanken, daß es dem Versicherten ermöglicht werden soll, durch eigene Leistung wirksam Vorsorge zu treffen, folgt weiter eine Änderung der Regelung über die E r s a t z z e i t e n. Bisher haben Ersatzzeiten überwiegend nur die Wirkung, daß sie für die Wartezeit und die Anwartschaft an Stelle von Beitragszeiten angerechnet werden. Dagegen bringen sie den Versicherten überwiegend keine Steigerung der Renten (vgl. oben Zweiter Teil, 1. Abschnitt, S. 68). Geht man davon aus, daß der Versicherte, der von Arbeitslosigkeit oder von Arbeitsunfähigkeit infolge Krankheit betroffen wird, für diese Zeit schon den Nachteil eines erheblich geminderten Einkommens auf sich nehmen muß, so ist es nicht gerechtfertigt, ihn auch noch hinsichtlich seiner späteren Rente schlechter zu stellen; denn generell betrachtet, sind Arbeitslosigkeit und auch Krankheit vom einzelnen nicht verschuldete Nachteile; sie sind meist überindividuell verursachte Notstände, denen zu begegnen gerade Aufgabe der Sozialversicherung ist. Zum Ausgleich dieser Notstände müßten die dem arbeitslosen oder arbeitsunfähig-kranken Versicherten zugebilligten Ersatzzeiten auch r e n t e n s t e i g e r n d wirken. Die Versicherten sollten etwa so gestellt werden wie heute bereits die Versicherten mit Ersatzzeiten für Kriegsdienstzeiten[10]. Dabei wäre der letzte (durchschnittliche) Arbeitsverdienst — etwa entsprechend der Regelung bei der Bemessung der Höhe der Arbeitslosenunterstützung — zugrunde zu legen. Bei solcher Ordnung der Ersatzzeiten würde allerdings die Rentenversicherung auch für die Risiken der Arbeitslosigkeit und der Krankheit eintreten. Sieht man die Rentenversicherung lediglich als Sicherung gegen das Risiko „Alter" und „vorzeitige Invalidität" an, so wäre eine solche Regelung nicht versicherungsgerecht. Man könnte daher daran denken, der Rentenversicherung die durch die teilweise Übernahme

---

[10] Vgl. für Kriegsdienstzeiten des zweiten Weltkrieges die VOen v. 13. 10. 49 und 8. 10. 41. Näheres bei *Dersch*, Grundriß der gesetzlichen Rentenversicherung (1952), S. 161 ff.

dieser Risiken entstandene Mehrbelastung durch Zahlungen der Bundesanstalt für Arbeitsvermittlung und Arbeitslosenversicherung bzw. der Krankenversicherung auszugleichen. So werden heute bereits — umgekehrt — Zahlungen für die Rentnerkrankenversicherung von den Rentenversicherungen an die Krankenversicherung geleistet. — Es mag an dieser Stelle dahingestellt bleiben, ob ein Ausgleich für die Belastung durch Ersatzzeiten nicht verwaltungstechnisch so unzweckmäßig ist, daß der Ausgleich für diese geringfügige Risikoverlagerung besser unterbleibt. Sie spielt im Gesamthaushalt der Rentenversicherung sicherlich keine allzu große Rolle.

B. Die Staatshilfe (Staatsrente)

Die Beitragsrente soll, wie oben angeführt, grundsätzlich bei erfülltem Arbeitsleben zur Deckung der Lebenshaltungskosten in angemessener Höhe ausreichen. Dennoch werden bei sehr niedrigen Löhnen oder bei nur zeitweiliger Beitragsleistung einzelne Renten die Fürsorgerichtsätze nicht erreichen oder nur geringfügig überschreiten. Zu diesen Beitragsrenten sollen zusätzlich aus öffentlichen Mitteln „Staatshilfen" (S t a a t s r e n t e n) gezahlt werden[11].

1. Auf diese Staatsrenten müssen jedoch sonstige Einkünfte des Empfängers in näher zu bestimmendem Umfang angerechnet werden, denn staatliche Hilfe ist bei einem Sicherungssystem, das dem einzelnen eine ausreichende Altersrente durch eigene Vorsorge ermöglicht, nicht mehr in gleichem Maße geboten wie bei den alten unzulänglichen Invalidenrenten. Gerät der einzelne Versicherte trotz dieser Möglichkeit in Not, so lassen sich zwar staatliche Zuschüsse nicht umgehen, aber bei Förderung des einzelnen aus Mitteln der Allgemeinheit muß sich dieser hinsichtlich der Notwendigkeit staatlicher Hilfe einer gewissen begrenzten Kontrolle seiner Einkommensverhältnisse unterziehen. Eine solche Nachprüfung der Einkommenshöhe wird allerdings dann, wenn der Versicherte durch Beitragsleistung von bestimmter Dauer (besondere Wartezeit) wenigstens zum Teil zu seiner späteren Sicherung beigetragen hat, nur in gemäßigter Weise ausgeübt werden dürfen. Demnach genügt es, wenn sich die Kontrolle darauf erstreckt, ob andere laufende Einkünfte bestimmter Art vorhanden sind. Es müßten für die „S t a a t s h i l f e n" also etwa die gleichen

---

[11] Die folgenden Ausführungen über „Staatsrenten" als Zwischenform sozialer Leistungen zwischen Renten der Soz. Vers. und Fürsorge berühren sich offenbar mit neueren — in dem Gutachten nicht mehr berücksichtigten — Vorschlägen von *Muthesius* (auf dem deutschen Fürsorgetag 1955) über die Einführung einer aus öffentlichen Mitteln gespeisten „E i n k o m m e n s - h i l f e", die auch die jetzigen l a u f e n d e n Geldleistungen der Fürsorge umfassen soll.

A n r e c h n u n g s b e s t i m m u n g e n g e l t e n , w i e s i e b e r e i t s
j e t z t f ü r d i e a u s S t a a t s m i t t e l n g e w ä h r t e A r b e i t s -
l o s e n f ü r s o r g e u n d d i e A u s g l e i c h s r e n t e f ü r V e r s o r -
g u n g s b e r e c h t i g t e v o r g e s e h e n s i n d . — Dabei muß Bedacht
darauf genommen werden, daß der Arbeitswille der Rentner, die auch
bei einem Alter von über 65 Jahren in Einzelfällen noch arbeitsfähig
sein können, nicht beeinträchtigt wird; denn sowohl fiskalisch als auch
volkswirtschaftlich besteht ein Interesse daran, diesen Rentnern den
Anreiz, tätig zu sein, nicht ganz zu nehmen. Demnach sollte A r b e i t s -
e i n k o m m e n n u r i n b e s c h r ä n k t e m M a ß e a n g e r e c h n e t
werden, und die Anrechnung müßte unterbleiben, wenn der Arbeitsverdienst nur unter Anwendung besonderer Tatkraft und durch über-
mäßige Kraftanstrengungen, die im allgemeinen einem Altersrentner
nicht zuzumuten ist, erzielt wird. Eine Sonderregelung wäre auch für
die Anrechnung von Leistungen aus Pensionskassen vorzusehen; chari-
tative Unterstützungen sollten überhaupt nicht angerechnet werden.

2. Diese „Staatshilfen" sollen nur dann gewährt werden, wenn der
Versicherte eine Beitragsrente erhält. Ihre Gewährung ist mithin ebenfalls an eine Wartezeit und damit an bestimmte Beitragsleistungen
gebunden. Diese eigene Vorsorge rechtfertigt es, daß die H ö h e d e r
S t a a t s r e n t e n so festgesetzt wird, daß diese zusammen mit der
Beitragsrente den F ü r s o r g e r i c h t s a t z e i n s c h l i e ß l i c h
e i n e s d u r c h s c h n i t t l i c h e n M i e t s a t z e s ü b e r s c h r e i -
t e t ; da nach neuem Fürsorgerecht[12] bei über 65 Jahren alten Personen
ein Mehrbedarf in Höhe von 20 vH. des maßgebenden Richtsatzes angemessen ist, müßte die Staatsrente zusammen mit der Beitragsrente
m i n d e s t e n s 35 % ü b e r d e m F ü r s o r g e r i c h t s a t z (einschließlich eines durchschnittlichen Mietbetrages) liegen. Dann hat der
Staatsrentner gegenüber dem Fürsorgeempfänger einen doppelten
Vorteil: Er erhält insgesamt eine höhere Geldleistung und seine Bedürftigkeit wird nur generell geprüft; er ist auch nicht zur Verwertung von
fest angelegtem Vermögen oder zur Rückzahlung der Staatszuschüsse bei
einer späteren Besserung seiner Lage verpflichtet. — Andererseits muß
Vorsorge getroffen werden, daß die im Einzelfall gezahlte Beitragsrente
und Staatsrente zusammen nicht höher sind als die Beitragsrente
nach einem normalen Arbeitsleben von etwa 35 bis 40 Jahren. Anderenfalls würde sich für die Versicherten kein hinreichender Vorteil ergeben, wenn ihre Altersvorsorge allein auf ihren Beiträgen beruht
(Beitragsrente). Die S t a a t s h i l f e s t e l l t a l s o e i n e A r t g e -
h o b e n e r u n d g e n e r e l l e r F ü r s o r g e (Einkommenshilfe")

---

[12] Vgl. § 11 b der Reichsgrundsätze über Voraussetzung, Art und Maß der
öffentlichen Fürsorge vom 4. 12. 24 in der Fassung des Fürsorgeänderungs-
gesetzes vom 20. 8. 53 (BGBl. I S. 967).

d a r. Ihre Gewährung bis zu etwa 35 % über Fürsorgerichtsatz würde die Fürsorge von den ihr nicht gemäßen laufenden Zahlungen von „Sozialrenten" weitgehend entlasten. Neben der Beitragsrente und der Staatsrente sollten laufende Zahlungen an Rentner aus allgemeinen Fürsorgemitteln grundsätzlich nicht gewährt werden. Die allgemeine Fürsorge dürfte nur ausnahmsweise bei besonderen Notständen durch einmalige Beihilfen oder durch sonstige Hilfsmaßnahmen für Rentner tätig werden.

Gegen die Bemessung der Staatshilfe nach den örtlich verschiedenen Fürsorgerichtsätzen könnten verwaltungsmäßige Bedenken bestehen. Es könnte daher auch erwogen werden, die Höhe der Staatshilfe von dem Jahresarbeitsverdienst der letzten Berufsjahre abhängig zu machen; es müßte dann aber Vorsorge getroffen werden, daß auch bei einer solchen Berechnungsart Beitrags- und Staatsrente zusammen etwa 35 % über den durchschnittlichen Fürsorgerichtsätzen liegen, damit ein abgewogenes Verhältnis zwischen der vollen Beitragsrente (nach 35 bis 40 Versicherungsjahren), Staatshilfe und Fürsorgeleistung besteht.

C. Zusammenfassung

Aus dem zur Erörterung gestellten Vorschlag ergibt sich also für die A l t e r s v o r s o r g e der Versicherten folgender Aufbau:

a) B e i t r a g s r e n t e

Sie soll allein nach Beiträgen berechnet werden und bei einem vollen Arbeitsleben je nach Höhe des Lohnes 60, 65 oder 70 % davon erreichen. Soweit die Beiträge nicht ausreichen sollten, um die hiernach erforderliche Höhe der Steigerungsbeträge zu finanzieren, hätte der Staat — an Stelle der fortgefallenen Grundbeträge — Zuschüsse zu den Steigerungsbeträgen zu gewähren.

b) S t a a t s h i l f e

Sie soll zusätzlich zur Beitragsrente gezahlt werden, w e n n diese unter 35 % über Fürsorgerichtsatz liegt und kein anrechenbares sonstiges Einkommen vorhanden ist.

c) F ü r s o r g e l e i s t u n g e n

Zusätzlich soll nur individuelle Fürsorge nach Fürsorgerecht gewährt werden, wenn ein besonderer Notstand vorliegt, es sollen aber grundsätzlich keine l a u f e n d e n Fürsorgeunterstützungen an Rentner gezahlt werden.

III. Die Invaliditätsvorsorge

A. Parallele zur Unfallversicherung

Hinsichtlich des Schutzes gegen v o r z e i t i g e I n v a l i d i t ä t ist bereits oben die verschiedene soziale Lage einerseits der alten und andererseits der vorzeitig erwerbsunfähigen Versicherten und die daraus resultierende verschiedene Aufgabe der A l t e r s v e r s i c h e r u n g und der I n v a l i d i t ä t s v e r s i c h e r u n g dargelegt worden. Auch das V e r s i c h e r u n g s p r i n z i p e r f o r d e r t e i n e v e r s c h i e - d e n e B e t r a c h t u n g : Während die Altersversicherung mit Leistungen belastet wird, wenn der Versicherte das 65. Lebensjahr erreicht, trägt die Versicherung gegen Invalidität das Risiko, daß der Versicherte vor Vollendung des 65. Lebensjahres etwa durch Krankheit invalide (berufsunfähig) wird. Die Altersversicherung ist also eine Erlebensversicherung, die Invaliditätsversicherung eine Schadensversicherung. Daher sind auch in der Privatversicherung Lebensversicherung und Invaliditäts- bzw. Unfallversicherung regelmäßig getrennt.

Dem verschiedenen Risiko entsprechend, erscheinen auch andere Formen der Hilfeleistungen notwendig und zweckmäßig.

Während bei der Altersvorsorge — jedenfalls im Bereich der öffentlichen sozialen Leistungen — laufende Geldzahlungen angebracht sind, sollte bei vorzeitiger Invalidität die Wiedereinfügung des beschränkt Erwerbsfähigen oder des zeitweilig Erwerbsunfähigen in das Arbeitsleben im Vordergrund stehen. Maßnahmen mit diesem Ziel liegen sowohl im Interesse des einzelnen wie im Interesse der gesamten Volkswirtschaft und werden auch durch den Gedanken der Selbstverantwortung gefordert. Daher sollten b e i d e r S o r g e f ü r i n v a l i d e V e r s i c h e r t e l a u f e n d e G e l d z a h l u n g e n h i n t e r s o n - s t i g e n f ü r s o r g e r i s c h e n u n d a r b e i t s m a r k t p o l i - t i s c h e n M a ß n a h m e n z u r ü c k t r e t e n. Auch ist die vorbeugende Gesundheitspflege, wie sie heute bereits von den Trägern der Rentenversicherung in Angriff genommen ist, in hohem Maße zur Verhütung einer vorzeitigen Invalidität geeignet. Zwar ist es gesundheitspolitisch und menschlich allgemein wünschenswert, für eine allgemeine Verlängerung der Lebensdauer zu sorgen, aber diese Aufgabe obliegt mehr der öffentlichen Hand; dagegen besteht ein besonderes Interesse der Invaliditätsversicherung daran, die Invalidität (Berufsunfähigkeit) durch spezielle, vorbeugende Maßnahmen für Versicherte hinauszuschieben, — ähnlich wie auch die Unfallversicherung den Eintritt vorzeitiger Erwerbsminderung (durch Unfälle oder Berufskrankheiten) hintanzuhalten — und im Falle ihres Eintritts — wieder zu beseitigen sucht. V e r g l e i c h t m a n d i e R i s i k e n d e r I n v a l i d i -

t ä t s v e r s i c h e r u n g u n d d e r U n f a l l v e r s i c h e r u n g , s o
z e i g t s i c h , d a ß b e i d e w e i t g e h e n d ä h n l i c h s i n d ; das
durch die Unfallversicherung erfaßte Risiko greift nur einen engeren
Kreis der Versicherungsfälle heraus, nämlich solche, bei denen die Erwerbsminderung durch Arbeitsunfall oder Berufskrankheit verursacht
ist. Je weiter dieser Kreis, etwa durch Einbeziehung weiterer Berufskrankheiten oder der Wegeunfälle, gezogen wird, desto mehr nähert
sich die Unfallversicherung der Invaliditätsversicherung, so daß ein
Unterschied allein bei kausaler Betrachtung gegeben ist. Die Ähnlich-
keit der Invaliditätsversicherung mit der Unfallversicherung legt eine
A n g l e i c h u n g d e s R e c h t s d e r I n v a l i d i t ä t s v e r s i c h e -
r u n g a n d a s d e r U n f a l l v e r s i c h e r u n g nahe. Man sollte auch
e r w ä g e n , ob man nicht die besonderen Heilmethoden und sonstigen
Hilfen der Unfallversicherung allen vorzeitig invaliden Versicherten
nutzbar machen könnte, indem jedenfalls die D u r c h f ü h r u n g d e r
R e h a b i l i t a t i o n d e n T r ä g e r n d e r U n f a l l v e r s i c h e -
r u n g übertragen wird (s. unten S. 127).

B. Die Bemessung der Invaliditätsrenten

Die Gewährung und Bemessung der Invaliditätsrenten müßte grund-
sätzlich nach den g l e i c h e n M a ß s t ä b e n w i e b e i d e r A l t e r s -
v o r s o r g e erfolgen, es müßte also auch dem vorzeitig invaliden Versicherten eine „B e i t r a g s r e n t e" in dem oben dargelegten Sinn
gewährt werden. Aus dem Versicherungsprinzip ergibt sich jedoch
— entgegen dem geltenden Recht —, daß bei Eintritt der Invalidität
(Berufsunfähigkeit) die Beitragsrente so berechnet werden müßte, als
ob der Versicherte bis zu seinem 65. Lebensjahr Beiträge geleistet
hätte; denn wenn eine Versicherung gegen den Eintritt vorzeitiger Invalidität schützen soll, so ist es nicht versicherungsgerecht, wenn der
Versicherte eine Rente lediglich nach Maßgabe der Beiträge erhält, die
er bis zum Eintritt des Versicherungsfalles tatsächlich entrichtet hat.
Vielmehr sollte er so gestellt werden, wie wenn die Invalidität nicht
vorzeitig, sondern erst — fiktiv — mit dem 65. Lebensjahr eingetreten
wäre (versicherungsmäßiger Schadensausgleich). Demnach müßte die
I n v a l i d i t ä t s r e n t e s o b e m e s s e n w e r d e n , a l s o b d e r
V e r s i c h e r t e s e i n e B e i t r ä g e b i s z u m 6 5 . L e b e n s j a h r e
g e z a h l t h ä t t e .
Der vorzeitig invalide Versicherte soll aber andererseits versicherungsmäßig nicht besser gestellt werden als der von seiner tatsächlichen
Beitragsleistung abhängige Altersrentner. Wenn er also vor Eintritt der
Invalidität nur unregelmäßig zur Finanzierung der Invaliditätsver-
sicherung beigetragen hat, empfiehlt es sich, die Höhe seiner Rente
zwar nicht nach der Zahl der tatsächlich insgesamt geleisteten Bei-

träge (so geltendes Recht), sondern nach dem Verhältnis der Beitragszeit zur gesamten Versicherungsdauer zu bemessen. Es müßten also bei
der Rentenberechnung zu den bis zum Eintritt des Versicherungsfalles
tatsächlich entrichteten Beiträgen weitere Beiträge für die Zeit vom Versicherungsfall bis zum 65. Lebensjahr hinzugerechnet werden, und zwar
für die Zeit nach Eintritt des Versicherungsfalles in der gleichen
„B e i t r a g s d i c h t e", wie sie vorher tatsächlich bestand. Durch dieses Verfahren — Abhängigkeit der Rentenhöhe von der „Dichte" und
der Höhe der bis zum Versicherungsfall geleisteten Beiträge — wird
der Wille des Versicherten zur Selbstvorsorge für den Versicherungsfall der Invalidität gestärkt. — Als weitere Besonderheit für die Berechnung der Invaliditätsrente könnte e r w o g e n werden, eine v e r -
s c h i e d e n e H ö h e d e r S t e i g e r u n g s s ä t z e j e n a c h d e m
A l t e r d e s V e r s i c h e r t e n z u r Z e i t d e s V e r s i c h e r u n g s -
f a l l e s in Betracht zu ziehen, so daß derjenige, der frühzeitig invalide
(berufsunfähig) wird, einen höheren Steigerungsbetrag erhält als derjenige, bei dem erst kurz vor Erreichung der Altersgrenze Invalidität
(Berufsunfähigkeit) eintritt; denn bei einem jungen Versicherten wird
das Arbeitsentgelt häufig noch nicht die Höhe erreicht haben, die er in
späteren Jahren erzielt hätte, so daß es insoweit eines Ausgleichs durch
höhere Steigerungsbeträge bedarf. — Ferner sollte erwogen werden, ob nicht auch die Invaliditätsrente — ähnlich wie die Unfallrente — nach dem Grade der Erwerbsminderung abgestuft werden
könnte; dabei sollte man sich aber aus Gründen der einfacheren Verwaltung mit zwei Stufen (Invalidität und Vollinvalidität) begnügen,
— eine Regelung, die sich bereits in der knappschaftlichen Rentenversicherung bewährt hat.

Soweit die Beitragsrente bei voller Invalidität mit Rücksicht auf
niedrige Beiträge und geringere Beitragsdichte des Versicherten unter
dem Fürsorgerichtsatz (einschließlich eines durchschnittlichen Mietbetrages) zuzüglich 35 % liegt, sind zur Ermöglichung einer angemessenen Lebensführung z u s ä t z l i c h e S t a a t s r e n t e n („Staatshilfen") zu gewähren, wie sie auch bei der Altersvorsorge vorgesehen sind (Anrechnung anderer Einkünfte).

Für alle Versicherten, die nicht dauernd invalide sind, und auch für
diejenigen in ihrer Erwerbsfähigkeit Beeinträchtigten, die mangels
hinreichender Minderung der Erwerbsfähigkeit (50 %) keine Rente beziehen, sollten — wie schon oben vorgeschlagen — Förderungsmaßnahmen zur Erlangung eines Arbeitsplatzes (Umschulung) und erforderlichenfalls Heilverfahren durchgeführt werden. Es käme in geeigneten
Fällen in Betracht, die Zahlung einer Staatshilfe von der Teilnahme
an solchen Maßnahmen abhängig zu machen.

C. Organisation der Invaliditätsvorsorge

Hinsichtlich der Organisation der Alters- und Invaliditätsvorsorge wird näher z u p r ü f e n sein, ob nicht im Hinblick auf die Verschiedenartigkeit der Risiken und auch der Leistungen (bei „Frühinvalidität" auch Umschulung und sonstige Berufsfürsorge) die bisherige einheitliche Organisation der Invalidenversicherung aufgegeben werden sollte. Die wesentlich gleiche Stellung des vorzeitig durch Invalidität aus dem Berufsleben Ausgeschiedenen mit dem Unfallgeschädigten und dem an einer Berufskrankheit Leidenden könnte es gerechtfertigt erscheinen lassen, die Invaliditätsvorsorge von den Trägern der Unfallversicherung durchführen zu lassen. Es käme auch in Betracht, die Höhe der Invaliditätsrenten wie die der Unfallrenten nach dem Jahresarbeitsverdienst zu bemessen, wodurch eine wesentliche Verwaltungsvereinfachung und eine einfachere Rechtsgestaltung erreicht würde, — doch sollte im Sinne der Betonung des Selbsthilfegedankens der Anspruch auf eine Invaliditätsrente von der Zurücklegung einer Wartezeit abhängig bleiben; auch die Bindung der Rente an Höhe und Dichte der Beiträge sollte zum mindesten mittelbar durch Abhängigkeit der Rentenhöhe vom Lohneinkommen erhalten werden.

IV. Hinterbliebenenrenten

Hinsichtlich der Versicherung der Hinterbliebenen kann es fraglich erscheinen, ob eine verschiedene Betrachtung für die Hinterbliebenen von Versicherten oder Rentnern vor und nach Vollendung des 65. Lebensjahres angebracht ist.

Jedenfalls wird für die Hinterbliebenen von Altersrentnern eine ähnliche Regelung wie für die Altersvorsorge der Versicherten selbst getroffen werden müssen. Die Höhe der Hinterbliebenenrenten könnte dabei in Prozentsätzen (etwa 60 vH.) der Beitragsrente des Versicherten festgesetzt werden, damit auch die Ehefrau des Versicherten an dessen Vorsorge für das Alter teilnimmt und daran interessiert ist. Erreicht die Hinterbliebenenrente den Fürsorgerichtsatz zuzüglich 35 % nicht, so müßte — wie bei der Altersvorsorge für die Versicherten — eine Staatshilfe jedenfalls dann hinzutreten, wenn die Witwe selbst alt (65 Jahre) oder invalide (berufsunfähig) ist oder noch für die Erziehung von Kindern zu sorgen hat.

Hinsichtlich der Hinterbliebenen von frühzeitig verstorbenen Versicherten ist zu beachten, daß diese einerseits durch den Wegfall des Ernährers in ähnlicher Weise — vielfach aber wegen Fortfalls des vollen Arbeitsverdienstes härter — als die Hinterbliebenen von Altersrentnern betroffen werden; anderseits ist zu berücksichtigen, daß sie durchschnittlich jünger, unter Umständen erheblich jünger sind. Diese letztere Erwägung spricht sicherlich dafür, daß diesen Hinterbliebenen mehr mit einer Einfügung in das Arbeitsleben und mit der Schaffung von Verdienstmöglichkeiten als mit Rentenzahlungen gedient ist. Ihnen sollten daher jedenfalls die besonderen Förderungsmaßnahmen im Rahmen der Rehabilitation nicht vorenthalten bleiben. Im übrigen werden hinsichtlich der Geldzahlungen an jüngere Hinterbliebene von Versicherten, insbesondere an „junge Witwen" ohne Kinder, noch eingehende Erhebungen über ihre wirtschaftliche Lage und die Möglichkeit ihrer Einbeziehung in das Wirtschaftsleben unter Minderung oder Fortfall der Rente angestellt werden müssen. Das gilt um so mehr, als nach den hier entwickelten Plänen die Invaliditätsrente — anders als nach geltendem Recht — in ihrer Höhe der Altersrente gleichkommt und somit auch die Witwenrente der Frühinvaliden entsprechend höher wäre.

V. Sicherung des Realwertes der Renten im Verhältnis zum Lohn

Eigene V o r s o r g e ist für den Versicherten nur dann sinnvoll, wenn er die Gewißheit hat, daß der Wert seiner Beiträge erhalten bleibt und ihm später ohne Minderung zugute kommt (vgl. oben Dritter Teil, 1. Abschnitt, S. 104). Andernfalls wird immer wieder die durch Beitragszahlungen in Angriff genommene Vorsorge unzulänglich sein, und der Staat wird — in der Regel verspätet — mit Nachhilfen in der Form staatlich finanzierter Rentenzuschläge einspringen müssen, um das Unrecht zu beseitigen, daß die Vorsorge des einzelnen für sein Alter durch eine von ihm in keiner Weise verschuldete Entwicklung, nämlich die Minderung des Geldwertes, illusorisch wird. Auf einer währungsmäßig schiefen Ebene läßt sich eine Rentenversicherung — für lange Zeit gesehen — nicht aufbauen.

A. Inflationsschutz

Diese Betrachtungen legen den Gedanken nahe, eine S i c h e r u n g d e s R e a l w e r t e s d e r R e n t e n durch Einführung einer I n d e x - r e n t e herbeizuführen: Wenn die Preise der für den Rentner wichtigen Konsumgüter steigen, wäre seine Rente entsprechend zu erhöhen. Es fragt sich aber doch, aus welchen Mitteln eine solche Rentenerhöhung finanziert werden sollte, zumal die Löhne und damit die Beiträge nicht notwendig mit den Preisen mitzugehen brauchen. Aber selbst wenn dies der Fall wäre, könnte doch nur ein Teil der laufenden Beitragseinkünfte zur Zahlung der laufenden Renten verwandt werden, der andere Teil wäre jenem oben erwähnten Reservefonds zuzuführen; es müßte also wieder der Staat helfen, wodurch die dann schon bestehende Tendenz zu inflationistischer Geldschöpfung nur noch verstärkt würde. Ich möchte also vor einer solchen allgemeinen Preis-Indexrente zur Sicherung des Realwertes der Renten dringend warnen. So verlockend sie auf den ersten Blick sozialpolitisch erscheinen mag: Der Sicherung der Währung gebührt auch vom Standpunkt des Sozialpolitikers der Vorrang. Die Stabilität der Währung beruht aber nicht zuletzt auf dem Vertrauen, das ihr entgegengebracht wird; dieses müßte aber schwinden, wenn der Gesetzgeber selbst — eben durch Einführung von Preisindexrenten — ersichtlich Vorsorge für den Fall einer möglichen Inflation treffen würde.

B. Anpassung an veränderten Lebensstandard

Von der Frage einer Sicherung der Rentner vor Geldentwertung ist zu trennen das Problem, wie insbesondere die laufenden Renten an einen veränderten Lebensstandard der Bevölkerung anzupassen sind. Wir erleben nun schon seit Jahren — Amerika ist uns lange vorangegangen — eine durch den technischen Fortschritt bedingte E r h ö h u n g   u n s e r e s   R e a l e i n k o m m e n s   und damit eine Verbesserung unserer Lebenshaltung[12a]. Sie kommt vor allem in erhöhten Löhnen zum Ausdruck, die so lange keine inflationistische Wirkung haben, als die Lohnerhöhung sich im Rahmen der Steigerung des Sozialprodukts hält. Von der Teilnahme an einer solchen Lebensverbesserung sind aber unsere Rentner nach dem System der bestehenden Rentenversicherungen ausgeschlossen, denn die Höhe ihrer Renten richtet sich — abgesehen von Grundbeträgen und Kinderzuschlägen — nach Zahl und Höhe der Beiträge, die sie in früheren Zeiten, d. h. zu Zeiten eines niedrigeren Lohnniveaus und eines niedrigeren Lebensstandards, entrichtet haben. Auch wenn bei einem Ansteigen der Reallöhne der Gesetzgeber eingreifen und eine Erhöhung der laufenden Renten beschließen sollte, so würden die Rentner — wie auch die Erfahrung lehrt — doch immer längere Zeit hinter der wirtschaftlichen Entwicklung zurückbleiben. Es sollte ernstlich ein Weg gesucht werden, dieses N a c h h i n k e n   d e r   A l t e n   oder gar ihren Ausschluß von Verbesserungen der allgemeinen Lebenshaltung zu verhindern; es müßte also Vorsorge getroffen werden, daß die jeweilige Höhe der Rente einem erhöhten Lebensstandard laufend oder in gewissen kürzeren Zeitabschnitten — etwa jährlich — angepaßt wird. Um die vom Standpunkt der Sicherung der Währung gegen Preis-Indexrenten bestehenden soeben dargelegten Bedenken möglich weitgehend auszuräumen, sollte die Höhe der Rente nicht durch einen Lebenshaltungskostenindex, son-

---

[12a] Vgl. *Tietz*, Die Entwicklung der Löhne und der Lebenshaltungskosten seit Errichtung der Invalidenversicherung", BAbl. 1954, S. 623.

dern nach dem durchschnittlichen L o h n s t a n d bestimmt werden. Das brauchte nicht automatisch im Sinne einer Lohn-Indexrente zu geschehen; es wäre schon ein wesentlicher Fortschritt, wenn die gesetzlichen Voraussetzungen dafür geschaffen würden, daß auf Grund einer Ermächtigung der Bundesarbeitsminister oder die Bundesregierung berechtigt wären, die Renten in bestimmten Zeitabschnitten dem durchschnittlichen Lohnstand anzupassen[13]. Eine solche Bindung der Rentenhöhe an den jeweiligen Lohn würde die Währung nicht gefährden, sofern nur die Lohnerhöhungen sich im Rahmen der jeweiligen Produktionssteigerung halten und so eine verderbliche Lohn-Preis-Spirale vermieden wird; im übrigen ist auch zu berücksichtigen, daß die Gesamtsumme der Renteneinkommen aus der Sozialversicherung im Verhältnis zum gesamten Lohneinkommen nur gering ist — etwa 11 % —, so daß also die Sicherung gegenüber inflationistischen Entwicklungen vorrangig bei dem Lohneinkommen und sonstigen Einkommen liegen muß.

Praktische Wege zu einer solchen „L o h n r e n t e" zu finden, wird schwer sein. Die Frage ist aber von zu großer sozialpolitischer Bedeutung, als daß man ihr aus dem Wege gehen oder vor den zweifellos bestehenden Schwierigkeiten resignieren sollte[13a]. Der Gedanke der Solidarität zwischen der jungen arbeitenden Generation und den ausgedienten Alten erfordert, daß die Jungen bei jeder Lohnerhöhung auch daran denken, wie die Alten „mitgenommen" werden können. — Sicherlich wäre eine Senkung der Preise als Folge eines erhöhten Sozialprodukts vom Standpunkt der Rentner der einfachste und sicherste Weg, sie an einer Verbesserung der allgemeinen Lebenshaltung teilnehmen zu lassen, — sofern aber die Verbesserung des Lebensstandards in der Erhöhung der Reallöhne ihren Ausdruck findet, dürfen die Rentner von einer solchen Verbesserung nicht ausgeschlossen bleiben. Gelingt eine Lösung dieser Frage nicht und hält die herrschende Entwicklung an, Steigerungen des Sozialprodukts durch Lohnerhöhungen und nicht durch Preissenkungen „auszugleichen", so müßte die Sozialversicherung als langfristige Vorsorge für das Alter an Wert verlieren, und sie würde dann vermutlich durch andere Sicherungsformen verdrängt werden.

VI. F i n a n z i e r u n g

Grundsätzlich sollten die Beitragsrenten möglichst weigehend aus dem Beitragsaufkommen finanziert werden. Soweit es sich um neu zu

---

[13] Vgl. auch § 86 Abs. 2 des Bundesbeamtengesetzes; danach soll einer Erhöhung der Gehälter eine Erhöhung der Pensionen folgen.

[13a] Einen Weg, der noch näherer Nachprüfung bedarf, sucht neuerdings W. *Schreiber* zu weisen („Rentenkasse des deutschen Volkes" mit reinem Umlageverfahren), vgl. W. *Schreiber*, Existenzsicherheit in der industriellen Gesellschaft, Köln, 1955.

bewilligende Renten handelt, dürfte dies auch möglich sein, sieht doch auch das Gesetz über die Höherversicherung vom 14. März 1951 (BGBl. I S. 188) entsprechende Steigerungsbeträge (von 10 bis 20 % der Beiträge = 1 bis 2 % der Löhne) vor. Sollte sich ergeben, daß auch die neuen Beitragsrenten, die ja weit mehr als bisher dem Lebensstandard der Versicherten angepaßt wären, nicht in voller Höhe aus dem Beitragsaufkommen allein gedeckt werden können, so müßte der Staat — wie S. 118 ff. dargelegt — Zuschüsse zu den Steigerungsbeträgen der Rentenversicherung leisten, was durch den Fortfall der Grundbeträge der Renten erleichtert würde; es käme auch eine Verlagerung des Beitragsaufkommens von der Arbeitslosenversicherung auf die Rentenversicherung in Betracht.

Für die Deckung der a l t e n R e n t e n - u n d A n w a r t s c h a f t s - l a s t ist es notwendig und gerechtfertigt, Staatsmittel heranzuziehen. Die Rücklagen der Rentenversicherung sind durch den Zwang des Staates, die Geldmittel in erheblichem Umfang in Staatsanleihen anzulegen, und durch den späteren Währungsverlust weitgehend weggefallen. Allerdings vermag der Währungsverfall allein eine volle „Aufwertung" der Renten nicht zu rechtfertigen; die Inflation hat die gesamte Bevölkerung, nicht nur die Versicherten, getroffen, so daß eine Sonderaufwertung nur für Versicherte einer dem Versicherungsgedanken nicht entsprechenden Staatssubvention gleichkäme. Indessen ergibt sich der innere Grund für ein Eintreten des Staates zugunsten der Rentner aus der Tatsache, daß er für diese eine Zwangsinstitution zur Invaliditäts- und Alterssicherung geschaffen hatte, deren Aufgaben er auch nach dem Währungsverfall in angemessener Weise fortzuführen hat.

Eine weitere Möglichkeit, die Finanzierung der Rentenzahlungen zu erleichtern, wäre die A u f g a b e d e s A n w a r t s c h a f t s d e k - k u n g s p r i n z i p s (vgl. § 1391 RVO). Es sind dazu schon oben grundsätzliche Ausführungen gemacht worden (vgl S. 107 ff.). Zwar bedarf die Rentenversicherung eines angemessenen „G e l d p o l - s t e r s", um nicht jederzeit bei Konjunkturschwankungen auf vermehrte Staatshilfe angewiesen zu sein, aber die Ansammlung von Kapital brauchte nicht die Höhe der nach dem Anwartschaftsdeckungsprinzip erforderlichen Rücklagen zu haben. Es erscheint nämlich — wie oben näher dargelegt — bei der Rentenversicherung weder erforderlich noch möglich, solche Geldmengen anzusammeln, wie sie für eine wirklich versicherungsgemäße Deckung erforderlich wären. Dem steht entgegen, daß die Rentenlasten volkswirtschaftlich doch immer aus dem jeweiligen Sozialprodukt und somit — jedenfalls ganz überwiegend — von der gegenwärtig arbeitenden Generation aufgebracht werden müssen.

Was die Rentner verbrauchen, muß von der gleichzeitig arbeitenden Wirtschaft produziert werden; geschieht das nicht, so sinkt der Realwert der Renten, indem die Preise steigen, weil die Güter knapper werden, oder die Geldmenge wächst. Insofern ist es nicht möglich, sich „volkswirtschaftlich" zu versichern[14].

Auch die Entwicklung der Rentenversicherung in der Wirtschaftskrise der 30er Jahre und seit 1949 zeigt, daß sich Einnahmen und Ausgaben der Rentenversicherung in Wirklichkeit nicht nach Deckungsprinzipien, sondern nach wirtschaftlichen Tatbeständen und darüber hinaus nach sozialen Bedürfnissen richten. So sind nach 1949 die Renten mehrfach erhöht worden, ohne daß dabei erkennbar auf das grundsätzlich in der RVO verankerte Anwartschaftsdeckungsprinzip Rücksicht genommen wurde. Ausschlaggebend war vielmehr die Kassenlage der Rentenversicherung und das Verhältnis der bisherigen Renten zu den gestiegenen Preisen. — Die Ausgaben für die Rentenversicherung lassen sich auch nicht b e l i e b i g verändern; selbst Abänderungen durch Gesetze können nicht das soziale Minimum beschneiden — das würde außerdem nur zu einer Verlagerung der Ausgaben auf die Fürsorge führen —, der Spielraum für Rentenherabsetzungen ist also gering. Liegen somit die Ausgaben der Rentenversicherung ziemlich weitgehend fest, so muß und kann auch nur darauf geachtet werden, daß die jeweils zur Deckung dieser Ausgaben erforderlichen Mittel im Zeitpunkt der Fälligkeit vorhanden sind[15]. Dementsprechend müßten die Beiträge bemessen werden.

Darüber hinaus muß sichergestellt werden, daß bei einem Rückgang der Einnahmen der Rentenversicherung infolge von Wirtschaftskrisen soviel Geldmittel angehäuft sind, daß eine nicht allzu lange Krise mit Mitteln der Rentenversicherung überstanden werden kann. Das ist nicht nur vom Standpunkt der Rentenversicherung erforderlich, sondern auch volkswirtschaftlich erwünscht, weil die Anhäufung großer Vermögensmassen die Tendenz hat, die Konjunkturschwankungen dadurch zu mildern, daß gleichmäßige Leistungen gewährt und Beiträge abgeschöpft werden[16]. Mehr sollte auch von der Leistungsdeckung in der Rentenversicherung nicht verlangt werden. Das Deckungsverfahren in der Rentenversicherung müßte also so gestaltet werden, daß eine nicht allzu schwere Krise ohne besonderen Staatszuschuß überstanden wer-

---

[14] Vgl. dazu *Mackenroth* in Schriften des Vereins für Sozialpolitik, N. F., Bd. 4 (1952) S. 39 ff. (42); *Achinger*, Soziale Sicherheit, S. 119; *Willeke, RJ.*, Die Arbeitslosenversicherung als Mittel der Konjunkturpolitik und Vollbeschäftigung, München, 1951, Schriftenreihe „Neue soziale Praxis", Heft 9; *Rittig* in „Gegenwartsfragen sozialer Versicherung", 1950, S. 113.

[15] Siehe die vorhergehende Anmerkung.

[16] *Willeke* a.a.O.

den kann. („Erweitertes Leistungsdeckungsverfahren".) Danach muß die Höhe des „Polsters" bemessen werden.

Die Zahlungen des Staates an die Alters- und Invaliditätsversicherung sollten tatsächlich geleistet werden und nicht durch Einräumung von Schuldbuchforderungen ersetzt werden, denn diese Schuldbuchforderungen tragen dazu bei, das Schicksal des Vermögens der Rentenversicherung mit dem des Staates noch enger zu verbinden, und bürden dem Staat letztlich die Verantwortung für die Altersversorgung seiner Bürger auf. In schweren Krisenzeiten, in denen die Rentenversicherungen einerseits durch geringere Beitragseinnahmen, andererseits — wie die Erfahrung lehrt — durch erhöhte Ansprüche der Versicherten besonders stark belastet sind, könnten Schuldbuchforderungen an den Staat nur schwer zu verwerten sein.

Erhält die Rentenversicherung aber Mittel zur Ansammlung einer erweiterten Leistungsdeckung, so kann sie in gewissem Umfang die Wirkung des Grundsatzes, daß der Konsum der Rentner jeweils aus dem gegenwärtigen Sozialprodukt entnommen werden muß, abschwächen. Sie kann nämlich die Vermögensanlage auch in langfristigen Konsumgütern vornehmen, die später den versicherten Rentnern zur Verfügung stehen. So könnten z. B. Wohnungen für Versicherte gebaut und der Mietwert auf die Rente angerechnet werden. Auch unter diesem Gesichtspunkt sollte die Rentenversicherung insbesondere die Finanzierung von Altersheimen für Rentner bewerkstelligen; es könnte dann ein Teil der Rente in natura gewährt werden.

Vierter Abschnitt

Zur Reform der Krankenversicherung

I.

Wie schon oben (S. 107, 109) dargelegt, würde die Betonung des Versicherungsprinzips im Bereich der Krankenversicherung bedeuten, daß auch hier eine stärkere Trennung der Risiken herbeigeführt wird. Es müßte also der Schutz gegenüber dem R i s i k o d e r K r a n k h e i t g e t r e n n t v o n d e m S c h u t z g e g e n ü b e r d e m R i s i k o d e r d u r c h A r b e i t s u n f ä h i g k e i t b e d i n g t e n E r w e r b s m i n - d e r u n g in unterschiedlicher Weise durchgeführt werden. Dabei würde sich zeigen, daß das Risiko der Erwerbsminderung geeignet ist, Gegenstand einer versicherungsmäßigen Regelung zu sein, da hier die Leistungen in Geld bestehen, deren Höhe ohne Schwierigkeit den jeweiligen Beiträgen angepaßt werden könnte; bei einer gesonderten Regelung der Krankenpflege dagegen würde sich erweisen, daß hier das Versicherungsprinzip nur sehr unvollkommen durchgeführt wer- den könnte, weil die Krankenpflege ihrem Wesen nach unteilbar, inso- weit also eine „Einheitsleistung" ist und daher nicht von der Höhe der Beiträge abhängig gemacht werden kann[17]; eine versicherungsgemäße Gestaltung der Gewährung von Krankenpflege wäre nur möglich, wenn die Beiträge für die Krankenpflege allein nach dem Risiko des einzel- nen Versicherten (also insbesondere nach Alter und Geschlecht, aber auch nach dem individuellen Gesundheitszustand) abgestuft würden, was aber dem sozialen Ausgleich innerhalb der Versichertengemein- schaft widersprechen würde und daher vom Standpunkt einer sozialen Krankenversicherung entschieden abzulehnen ist.

Wenn also dem in diesem Gutachten erörterten Gedanken einer mög- lichst weitgehenden Trennung von Versicherung und Versorgung in der Krankenversicherung entsprochen werden soll, s o m ü ß t e n d i e G e l d l e i s t u n g e n d e r K r a n k e n v e r s i c h e r u n g i n F o r m e i n e r v e r s i c h e r u n g s m ä ß i g g e s t a l t e t e n — e c h t e n — S o z i a l v e r s i c h e r u n g, d i e K r a n k e n p f l e g e d a g e g e n, i n s b e s o n d e r e d i e ä r z t l i c h e n L e i s t u n g e n, m e h r n a c h

---

[17] Vgl. dazu des näheren *Bogs*, Sozialer Fortschritt, 1954, Heft 1, S. 13.

A r t e i n e r V e r s o r g u n g d u r c h g e f ü h r t w e r d e n. Diese Gedanken würden in großen Zügen Vorschlägen entsprechen, die über die
H e r a u s n a h m e d e r ä r z t l i c h e n L e i s t u n g e n a u s d e r
K r a n k e n v e r s i c h e r u n g von verschiedenen Seiten entwickelt
worden sind.

Es soll nicht verkannt werden, daß eine solche V e r s e l b s t ä n d i -
g u n g d e r ä r z t l i c h e n D i e n s t e mancherlei Vorteile bieten
würde: Der unerquickliche, die Stellung des Patienten und des Arztes
gleichermaßen belastende Streit zwischen Ärzten und Krankenkassen
über die Höhe des Honorars würde fortfallen; denn nunmehr müßten
die ärztlichen Leistungen aus einem bestimmten Beitragsaufkommen
bestritten werden, — es würde vor allem die Möglichkeit bestehen, die
kassenärztliche Behandlung mit sonstigen ärztlichen Aufgaben, insbesondere mit Maßnahmen der präventiven Medizin und der allgemeinen
Gesundheitsvorsorge besser zu koordinieren, und schließlich würde
vielleicht auch durch eine solche sicherlich stark unter ärztlichem Einfluß stehende Sonderregelung der ärztlichen Dienste die die Krankenversicherung heute belastende Konkurrenz der Ärzte untereinander in
geordnete, von ärztlicher Seite überwachte Bahnen gelenkt werden
können. Im Rahmen dieses Gutachtens muß schließlich hervorgehoben
werden, daß die Herausnahme der ärztlichen Behandlung aus der Krankenversicherung — wie schon erwähnt — eben dem hier näher erörterten Versicherungsprinzip durch reinliche Scheidung von unterschiedlichen Risiken besser entsprechen würde als die bisherige Regelung, die ihrer Art nach verschiedene Risiken koppelt.

Nach Auffassung des Verfassers sollte aber gerade der letztgenannten
Erwägung der reineren versicherungsmäßigen bzw. versorgungsmäßigen Gestaltung kein entscheidendes Gewicht beigemessen werden. Man
sollte mehr praktisch fragen, welche Regelungen für das erstrebte Ziel
einer möglichst guten Krankenhilfe die zweckmäßigsten sind, und sollte
sich hüten, eine solche Regelung nur deshalb abzulehnen oder zu begrüßen, weil sie vermeintlich dem Gedankenkreis der klassischen Sozialversicherung angehört oder sich von ihren Grundsätzen abwendet.
Der Verfasser glaubt, im ersten und zweiten Teil dieser Arbeit erwiesen zu haben, daß unsere Sozialversicherung in der Rechtswirklichkeit weder eine klassische Versicherung noch eine Versorgungseinrichtung ist, vielmehr ein durchaus eigenes Gepräge mit eng verflochtenen
versicherungsmäßigen und versorgungsmäßigen Elementen aufweist.
Dieser Gedanke einer eigenständigen Sozialversicherung erscheint auch
heute noch durchaus gesund, — wie sich auch darin zeigt, daß etwa
in jüngerer Zeit bisher nicht von der Sozialversicherung erfaßte Personenkreise—so z. B. die Kassenärzte—zum Teil nach Versorgungseinrichtungen streben, die in Wahrheit eine echte Sozialversicherung einer

geschlossenen Personengruppe darstellen würden (vgl. dazu § 368 i RVO in der Fassung des Gesetzentwurfs über die Regelung der Beziehungen zwischen Ärzten, Zahnärzten und Krankenkassen vom 24. November 1953, Bundestagsdrucksache 87, 2. Wahlperiode 1953)[18].

Sieht man also allein in der reinlichen Scheidung von Versicherung und Versorgung kein an sich schon gutes Prinzip, so verliert auch die erörterte Trennung der bisherigen Krankenversicherung in eine Versicherung auf Geldleistungen und in eine Einrichtung, die vornehmlich auf ärztliche Behandlung gerichtet wäre, viel von ihrem Wert. Den oben gerühmten Vorteilen steht gegenüber, daß b e i e i n e r H e r a u s - n a h m e d e r ä r z t l i c h e n B e h a n d l u n g a u s d e r K r a n k e n - v e r s i c h e r u n g d e r e i n h e i t l i c h e L e b e n s t a t b e s t a n d d e s K r a n k s e i n s m i t s e i n e n d i e G e s u n d h e i t a l s s o l c h e u n d d i e w i r t s c h a f t l i c h e E x i s t e n z z u g l e i c h b e t r e f f e n d e n F o l g e n a u s e i n a n d e r g e r i s s e n würde und der Schutz vor dieser Krankheit — einem Prinzip zuliebe — in zwei Teile zerlegt würde. Es würde wohl keine Vereinfachung im Rechtssystem der sozialen Sicherung, sondern gerade eine Komplizierung eintreten.

Ferner ist nach der praktischen Seite hin zu bedenken, daß bei einer Herausnahme des ärztlichen Dienstes aus der Krankenversicherung die jetzigen Krankenkassen eine gewichtige Aufgabe verlieren und ihren bisherigen Charakter als zentral zuständige Betreuer der versicherten Kranken einbüßen würden. Eine solche B e e i n t r ä c h t i g u n g d e r K r a n k e n k a s s e n würde aber gerade den Bestrebungen widersprechen, intakte und wertvolle Institutionen der Sozialversicherung zu erhalten. Im Sinne einer gesunden Sozialversicherung liegt es, wie oben näher dargelegt, daß soziale Gruppen zu Versichertengemeinschaften zusammengefügt werden und ihren Mitgliedern im Wege des Risikoausgleichs (Versicherungsprinzip) und des sozialen Ausgleichs (zusätzliches Prinzip der Sozialversicherung) Schutz gewähren. Die möglichst vollkommene Durchführung dieses Gedankens der Sozialversicherung erfordert grundsätzlich kleinere Gruppen von Versicherten, wie sie eben in einer g e g l i e d e r t e n K r a n k e n v e r s i c h e r u n g vielfach vorhanden sind. Dieser Gedanke der Bildung von Versichertengemeinschaften auf der Grundlage sozialer Gruppen würde zumindest für die Gewährung der ärztlichen Behandlung verlassen werden müssen, wenn — etwa in Anlehnung an die englische Regelung — der ärztliche Dienst aus der Krankenversicherung eliminiert und zu einem

---

[18] In das Gesetz über das Kassenarztrecht vom 17. 8. 1955 ist die Bestimmung des Entwurfs nicht aufgenommen worden; doch werden jetzt sozialversicherungsähnliche Einrichtungen auf landesrechtlicher Ebene erstrebt. — so in Hessen. Zur Rechtsnatur der Versorgungseinrichtungen freier Berufe vgl. *Bogs* in Festschrift für *Krohn*, 1954, S. 35 ff.

neuen großen Apparat mit wahrscheinlich mehr oder minder zentraler Lenkung umgebildet würde.

Die Herausnahme des ärztlichen Dienstes aus der Krankenversicherung würde die Krankenkassen, sofern sie dann überhaupt noch eine Existenzberechtigung hätten, in ihrem Wesen grundlegend ändern und damit die sicherlich wertvollsten Ansätze einer Selbstverwaltung im Bereich der Sozialversicherung zerstören; denn es ist schwer vorzustellen, wie bei einem gesondert durchgeführten ärztlichen Dienst die Versicherten und ihre Arbeitgeber in gleich lebendiger Weise ihre Angelegenheiten im Wege der Selbstverwaltung erledigen könnten, wie es heute gerade bei den Krankenkassen der Fall ist. Damit würde aber ein wertvolles Prinzip unseres öffentlichen Lebens, nämlich die selbstverantwortliche eigene Verwaltung einer überschaubaren Gruppe, aufgegeben und so ein Ansatz zur Überwindung der auf Beherrschung großer Massen eingestellten Ordnung unserer Zeit mit ihren — übrigens gut funktionierenden — Apparaturen zerstört werden. Mir scheint also, daß die Zerschlagung unserer einheitlichen Krankenversicherung durch Herausnahme der ärztlichen Behandlung nicht dem Gedanken einer die Eigenverantwortung betonenden Sozialordnung entsprechen würde.

II.

Bei der Reform unserer Krankenversicherung sollte m. E. von den Ursachen der Mängel des jetzigen Systems ausgegangen werden. Zu diesen Ursachen gehören sicherlich wesentlich die Begehrlichkeit einer Anzahl von Versicherten nach nicht erforderlichen Leistungen sowie der Wettbewerb der Kassenärzte untereinander, der dazu führen kann, einem unberechtigten Begehren der Versicherten allzu leicht nachzugeben[19]. Diese Mängel sind m. E. nicht institutionell durch das jetzige System der gesetzlichen Krankenversicherung bedingt, sie beruhen weitgehend auf der Einstellung der von ihr betreuten und sie durchführenden Menschen und würden auch bei anderen Formen der Krankenversorgung — wie das englische Beispiel zeigt — in ähnlicher Weise hervortreten. Es wird also nicht zuletzt eine Bildungsaufgabe sein, hier Abhilfe zu schaffen, — ein Anliegen, das, soweit es sich um die Ärzte handelt, weitgehend von diesen selbst durchgeführt werden sollte. Die mit der Ausübung des Arztberufes — gleich in welcher

---

[19] Über das außergewöhnlich starke Ansteigen der Arbeitsunfähigkeitsfälle, insb. im Baugewerbe, bei Einsetzen der Frostperiode Anfang 1954 vgl. „Die Krankenversicherung", 1954, Heft 2, S. 54, 55. Offenbar zogen es arbeitslos gewordene Bauarbeiter vor, statt der Arbeitslosenunterstützung das höhere Krankengeld zu beziehen, und es wurde ihnen auch vielfach von den Kassenärzten Arbeitsunfähigkeit bescheinigt; vgl. dazu auch (m. Zahlenang.) „Welt der Arbeit" v. 2. 4. 1954, Beilage „Baden-Württemberg" S. 2.

Rechtsform — immer gegebene ethische Bindung und Verpflichtung des Arztes müßte der Ausgangspunkt aller solcher Bemühungen sein; in diesem Sinne einer Bindung und Verpflichtung sollte auch heute das ärztliche „Standesbewußtsein" gepflegt und gefördert werden.

A. Es bedarf keiner näheren Darlegung, daß diese Einwirkung auf die beteiligten Menschen nicht von heute auf morgen Erfolge zeitigen kann, und daß versucht werden muß, die aufgezeigten Mängel der Krankenversicherung auch durch sonstige mehr institutionelle Regelungen zu beseitigen. Dazu ist folgendes zu sagen: Der u n n ö t i g e n I n a n s p r u c h n a h m e   ä r z t l i c h e r   H i l f e   u n d   A r z n e i e n (vgl. dazu das Gutachten des Reformausschusses der Gesellschaft für Sozialen Fortschritt[20]) könnte durch eine B e t e i l i g u n g d e r V e r - s i c h e r t e n a n d e n K o s t e n d e r i h n e n g e w ä h r t e n L e i - s t u n g e n sicherlich wirksam entgegengetreten werden. Eine solche Kostenbeteiligung ließe sich durch Einführung einer K r a n k e n - s c h e i n g e b ü h r und auf dem Wege einer prozentualen, abgestuften Beteiligung an den A r z n e i k o s t e n unschwer herbeiführen. Es ist in dem oben angeführten Gutachten des Reformausschusses der Gesellschaft für Sozialen Fortschritt, auf das Bezug genommen wird, dargelegt, welche gewichtigen Bedenken gegen die Einführung einer Krankenscheingebühr sprechen, — zumal in einer Zeit, in der die Bestrebungen auf Früherkennung der Krankheiten und vorbeugende Maßnahmen mit Recht stark propagiert werden. Immerhin muß zugunsten der Einführung einer Krankenscheingebühr in Ergänzung jenes Gutachtens darauf hingewiesen werden, daß bei den Versicherten das Gefühl für den Wert des Krankenscheines, d. h. für den Wert des darin verkörperten Leistungsanspruchs auf ärztliche Behandlung, nicht unterschätzt werden darf. Jedenfalls wird auf eine Selbstbeteiligung der Versicherten in der einen oder anderen Form nicht verzichtet werden können. Es wird nur darauf ankommen, sicherzustellen, daß die — dem Prinzip nach übrigens klar versicherungs f r e m d e — Selbstbeteiligung nicht soweit geht, daß dadurch die Krankenhilfe für wirtschaftlich schwache Schichten gefährdet wird.

B. Ein zweites Übel der modernen Krankenversicherung dürfte in dem übersteigerten W e t t b e w e r b d e r a n d e r E r b r i n g u n g d e r ö f f e n t l i c h e n L e i s t u n g e n b e t e i l i g t e n Ä r z t e zu sehen sein, wie er sich durch die große Vermehrung der Zahl der Ärzte, durch Fortfall früherer wirtschaftlicher Sicherungen (privates Vermögen) und durch die Auflockerung standesmäßiger Bindungen entwickelt hat. Der freie Wettbewerb der Ärzte kann sicherlich — wie auch der Wettbewerb in der freien Wirtschaft — durchaus leistungs-

---

[20] Beilage zu Heft 12, „Sozialer Fortschritt", 1953.

steigernd wirken und sich so zum Nutzen der „begehrten" Versicherten auswirken; er kann aber auch — wie etwa im Bereich der Wirtschaft die Debatten über die Berechtigung von Kartellen zeigen — leistungsmindernde Formen annehmen. Auf dem wirtschaftlicher Betrachtung nur schwer zugänglichen Gebiet der Krankenbehandlung wird mit besonderer Dringlichkeit Auswüchsen des freien Wettbewerbs der Ärzte — wie sie sich etwa in Gefälligkeitsleistungen an Versicherte zeigen — entgegengetreten werden müssen. Das sollte allerdings nicht durch eine „Verbeamtung" oder durch feste Besoldung der Kassenärzte erstrebt werden. Zwar vermag sich der Verfasser nicht der Auffassung anzuschließen, daß das unbedingt notwendige menschlich enge Verhältnis zwischen Arzt und Patient nicht auch gegenüber einem festbesoldeten Arzt bestehen könnte, wie insbesondere die in Kliniken angestellten Ärzte unschwer bezeugen werden. Die Erbringung der ärztlichen Leistungen durch beamtete Ärzte ist aber aus einem anderen, allgemeineren Grund abzulehnen: Der „verbeamtete" Arzt müßte notwendigerweise in einen großen öffentlichen Apparat mit hierarchischer Behördenordnung eingefügt werden. Es würde damit der Bereich unserer öffentlichen Institutionen und die Beherrschung auch des Kranken durch diese öffentlichen Einrichtungen in einer schwer erträglichen Weise verstärkt werden. Wer den den Menschen kontrollierenden „Verwaltungsstaat" in Schranken halten möchte, wird dem freiberuflich tätigen Arzt in der Krankenversicherung den Vorzug geben und nach Wegen suchen, das e c h t e S p a n n u n g s v e r h ä l t n i s, d a s s i c h a u s d e r E i n f ü g u n g e i n e s f r e i e n B e r u f s s t a n d e s i n e i n S y s t e m d e r Z w a n g s v e r s i c h e r u n g n o t w e n d i- g e r w e i s e e r g i b t, durch geeignete Zwischenformen zu lösen. Einen Weg dazu bietet der Zusammenschluß der freiberuflichen Ärzte zu öffentlich-rechtlichen Körperschaften, wie wir sie in den Kassenärztlichen Vereinigungen bereits vorfinden. Diese bilden gewissermaßen die Brücke zwischen freiberuflich tätigem Arzt und öffentlich-rechtlicher Krankenversicherung. Sie sollten Mitträger der Krankenversicherung sein und daher auch die Verantwortung für die sachgemäße Erbringung der Krankenpflege mittragen. Ihnen muß — neben den ärztlichen „Standesvertretungen" — die Vertiefung des Bewußtseins bei den Kassenärzten anvertraut werden, daß diese an einer öffentlichen Aufgabe mitwirken, die der freiberuflichen Betätigung notwendig Schranken setzt.

Eine solche Einstellung auf ärztlicher Seite erfordert, daß die Krankenversicherung den Kassenärzten ein angemessenes Einkommen sichert, was jedenfalls bei der zur Zeit großen Zahl der insgesamt zur Verfügung stehenden Ärzte nur bei einer gewissen Begrenzung der Zahl der zugelassenen Ärzte möglich sein dürfte. Die Verteilung des den Ärzten zufließenden Honorars durch die kassenärztlichen Vereinigungen müßte nach Maßstäben erfolgen, die einmal für alle beteiligten Ärzte klar erkennbar und durchsichtig und im übrigen so gestaltet sind, daß ein Sammeln von Krankenscheinen eine unnütze Angelegenheit wird. Es sollte unter maßgebender Beteiligung der Ärzte beraten werden, ob nicht — ähnlich wie im englischen Gesundheitsdienst — auch unseren Kassenärzten für jeden Versicherten, der sich bei ihnen „eintragen" läßt, eine Grundpauschale zugebilligt und im übrigen ihre Tätigkeit weitgehend nach Einzelleistungen honoriert werden kann. Dieses H o n o r i e r u n g s s y s t e m müßte nach einheitlichen Richtlinien geordnet werden, die für das ganze Bundesgebiet aufgestellt werden. Auch die rechtliche Stellung des einzelnen Arztes gegenüber den teilweise mächtigen Kassenärztlichen Vereinigungen sollte mehr als bisher gesichert werden. Es wäre eine bedauerliche Entwicklung, wenn die von den Ärzten erstrebte möglichst weitgehende Unabhängigkeit gegenüber den Krankenkassen von einer vielleicht noch größeren Abhängigkeit gegenüber öffentlich-rechtlichen Ärzteorganisationen ersetzt würde. Vom Standpunkt eines freiheitlich gesinnten Arzttums wird alles darauf ankommen, in diesen ärztlichen Körperschaften eine stark entwickelte Selbstverwaltung — nicht nur dem Buchstaben nach — zu verwirklichen. — Wird der, im übrigen schon seit 1932 beschrittene Weg der Einordnung des freiberuflichen Kassenarztes in das gesetzlich festgelegte System unserer Sozialversicherung durch die Einschaltung selbstverwalteter, aber als öffentlich-rechtliche Körperschaften dem Staate verantwortlicher ärztlicher Vereinigungen sinnvoll fortgeführt, so wäre damit eine Synthese zwischen einer möglichst weitgehenden beruflichen und wirtschaftlichen Freiheit des behandelnden Arztes und der Erfüllung einer öffentlich-rechtlichen Aufgabe, nämlich der Erbringung der öffentlichen Krankenpflege, m. E. in befriedigender Weise zu lösen.

III.

Im Rahmen der gesamten Neuordnung des Rechts unserer sozialen Sicherung wird auch geprüft werden müssen, wie es ermöglicht werden könnte, die den Gedanken einer sozialen Krankenversicherung schwer beeinträchtigenden A u f t r a g s a n g e l e g e n h e i t e n d e r K r a n -
k e n v e r s i c h e r u n g (vgl. dazu oben im zweiten Teil, 1. Abschnitt, S. 57 ff.: „Krankenversicherung auf fremde Rechnung") in den Gesamtrahmen unserer Sozial v e r s i c h e r u n g einzufügen. Es handelt sich hierbei darum, typische Formen der Kranken v e r s o r g u n g , die aber von Versicherungsträgern durchgeführt werden, möglichst ihres Auftragscharakters zu entkleiden und die Leistungen als Versicherungsleistungen der Krankenkassen zu übernehmen.

Fünfter Abschnitt

Abschließende Betrachtungen

Der Verfasser gibt dieses Gutachten nur zögernd aus der Hand: Die Fülle und Undurchsichtigkeit des behandelten Rechtsstoffes und mehr noch die erst in wenigen wertvollen Anfängen vorliegenden Untersuchungen über die tatsächliche Gestaltung der heute bestehenden sozialen Sicherung machten es dem einzelnen Autor — zumal in beschränkter Zeit — nicht möglich, schon jetzt zu abschließenden Vorschlägen für eine Neuordnung zu gelangen. Er muß sich darauf beschränken, die zu lösenden Probleme in ihrer Vielschichtigkeit — losgelöst von überholten Vorstellungen und Begriffen — aufzuzeigen, und seine „Reformpläne" können nur die Grundlage für eine eingehende Diskussion darstellen. Immerhin glaubt der Verfasser, zu einigen für eine grundlegende Reform des gesamten Rechts der sozialen Sicherung wesentlichen Erkenntnisse gelangt zu sein, auf die hier zusammenfassend besonders hingewiesen werden soll.

Es dürfte durch die Untersuchung im ersten und zweiten Teil des Gutachtens klar geworden sein, daß eine Erörterung von Reformfragen allein unter dem Gesichtspunkt, eine reinliche Scheidung von Versicherung, Versorgung und Fürsorge herbeizuführen, nicht fruchtbar sein kann. Die deutsche Sozialversicherung war von Anbeginn an keine eigentliche Versicherung, sie ist vielmehr ihrer Rechtsform nach eine Sicherung eigener Art, in der Elemente der Versicherung und Versorgung, gelegentlich auch der Fürsorge, aufs engste und — wie mir scheint — unlöslich miteinander verflochten sind. Neben dem echt versicherungsmäßigen Gedanken des Risikoausgleichs innerhalb einer begrenzten Versichertengemeinschaft tritt das gerade für die deutsche Sozialversicherung typische, versicherungsfremde Prinzip des sozialen Ausgleichs, wie es im Ersten Teil der Arbeit eingehend entwickelt worden ist. Zudem hat es von jeher dem Gedanken sozialer Sicherung durch Sozialversicherung entsprochen, daß auch der Staat mithilft, zumindest eine Sicherung im Falle der Invalidität sowie vor allem des Alters zu schaffen. Diese innige und durchaus sinnvolle Verflechtung von Elementen der Versicherung und Versorgung kann nicht aufgegeben werden, ohne daß die gesunden Grundlagen der deutschen Sozialversicherung überhaupt zerstört und ihre wesentlichen Leistungen gefährdet werden. — Die Untersuchungen über die Entwicklung der Sozialversicherung haben aber weiter zu dem Ergebnis geführt, daß unter der Einwirkung zweier Kriege der Versorgungscharakter in der Rechtswirklichkeit unseres Systems sozialer Sicherheit immer stärker hervorgetreten ist und daß bei Fortbestehen dieser Entwicklungstendenz, die wesentlich durch die wirtschaftliche Unsicherheit bedingt ist, die versicherungsmäßigen Elemente bald ganz verdrängt sein würden. Hier gilt es einzugreifen und bei einer Reform die verschütteten s o z i a l - e t h i s c h e n   P r i n z i p i e n   d e r   S o z i a l v e r s i c h e - r u n g , nämlich S e l b s t s i c h e r u n g   u n d   E i g e n v e r a n t - w o r t u n g , wesentlich zu betonen, ohne den Gedanken des s o - z i a l e n   A u s g l e i c h s aufzugeben. Gerade durch die Verbindung dieser Prinzipien ist in der deutschen Sozialversicherung eine Synthese zwischen Selbstsicherung und Selbstverantwortung des einzelnen und Hilfe der Gemeinschaft möglich gewesen.

Bei der Reformarbeit sollte man allein fragen, welche Rechtsform die wirkungsvollsten Leistungen bei geringsten Aufwendungen ermöglicht, und nicht eine Institution allein schon deshalb für gut oder schlecht halten, weil sie eine staatliche Einrichtung oder einer Einrichtung der freien Wirtschaft ist. Die Arbeit an der Reform muß von einem unfruchtbaren Prinzipienstreit entlastet und im Sinne eine realistischen Erkenntnis und Gestaltung der sozialen Wirklichkeit durchgeführt werden. In welcher Weise dabei die — auch im Rahmen einer öffentlich-rechtlichen Zwangsversicherung in bestimmten Grenzen durchsetzbaren — Prinzipien der Selbsthilfe und Selbstverantwortung im Bereich der Rentenversicherung zur Geltung zu bringen wären, hat der Verfasser an einem „Modellvorschlag" im Dritten Teil der vorliegenden Arbeit darzustellen versucht.

Ein weiteres Ergebnis des Gutachtens dürfte in der Erkenntnis bestehen, daß die Leistungen der Sozialversicherung so eng mit den zahlreichen Leistungen der verschiedenen Versorgungseinrichtungen und auch der öffentlichen Fürsorge verflochten und — vielfach unzureichend — aufeinander abgestimmt sind, daß eine sinnvolle Reform nicht nur die einzelnen Zweige der Sozialversicherung, sondern das g e - s a m t e R e c h t d e r s o z i a l e n S i c h e r u n g , also auch die Staatsversorgungen und Fürsorgeeinrichtungen mit umfassen muß. Die ordnende Hand wird gerade bemüht sein müssen, etwa die Fürsorge mit ihren durchaus eigenartigen Hilfsformen von allen jenen Aufgaben — wie laufenden Geldzahlungen nach Art der Rentenzahlungen — zu befreien, die ihr nicht gemäß sind. Sie wird ferner Bedacht darauf nehmen müssen, eine staatliche Versorgung, die ihrem Wesen nach durch eine rückschauende, kausale Betrachtung gekennzeichnet ist, auf

die Fälle zu beschränken, in denen wirklich eine Leistungsgewährung
der öffentlichen Hand durch ein früheres Geschehen, etwa Aufopferung
der Gesundheit im Kriege, begründet ist, auch wenn die Folgen dieser
früheren Aufopferung sich in der Gegenwart nicht in einem wirtschaftlichen Notstand auswirken. Im übrigen sollte der Gedanke einer echten
Sozialversicherung, wie er in dem Gutachten entwickelt wurde, die
Grundform der künftigen sozialen Sicherung des deutschen Volkes
sein, wobei für selbständig Berufstätige — soweit ein Bedürfnis besteht — eigene Versicherungsträger errichtet werden könnten. Die Sozialversicherung mit ihrer Verbindung von Selbstsicherung, Eigenverantwortung und gemeinschaftlicher Hilfe erfordert ihrem Wesen nach
die Bildung von ü b e r s c h a u b a r e n V e r s i c h e r t e n g e m e i n -
s c h a f t e n sozialer Gruppen, innerhalb deren ein sozialer Ausgleich
zwischen wirtschaftlich Stärkeren und Schwächeren allein sinnvoll ist.
So führt die Reform des materiellen Rechts der sozialen Sicherung
zugleich zu einer Bestimmung der grundlegenden Organisationsform,
nämlich der in überschaubare Gruppen aufgegliederten Versichertengemeinschaften. Auch hier wird es darauf ankommen, eine Synthese
zwischen einer notwendig gegliederten Sozialversicherung und einer
andererseits nicht zersplitterten, sondern sinnvoll aus lebensvollen
Teilen zusammengefügten Gesamtinstitution zu schaffen. Dabei wird
es zweckmäßig sein, den so lange den Fortschritt jeder Diskussion über
die Reform unserer sozialen Leistungen hemmenden Streit über die
Organisationsform zurückzustellen und sich zunächst über die Grundzüge der materiellrechtlichen Neuordnung klar zu werden, aus der
sich dann mehr oder minder zwangsweise die optimale Organisationsform ergibt.

Die vielleicht eindrucksvollste Erkenntnis der vorliegenden Untersuchung geht schließlich dahin, daß das geltende Recht der sozialen
Sicherheit in Deutschland — bedingt durch die Notwendigkeit, den in
zwei Kriegsepochen immer wieder erneut auftretenden Notständen
schnell zu begegnen — einen Grad von Unübersichtlichkeit erreicht hat,
der die Rechtssicherheit gefährdet, das Vertrauen der Beteiligten zu
einer gerechten Ordnung aufs stärkste beeinträchtigt und so der Ausnutzung der verschiedenen Institutionen Tor und Tür öffnet. Es muß
anerkannt werden, daß trotz dieser Vielgestaltigkeit und Undurchsichtigkeit unserer Rechtsordnung nicht zuletzt dank der Arbeit der
spezialistisch geschulten Bediensteten der Sozialversicherung, Versorgung und Fürsorge der Apparat unserer sozialen Sicherung im wesentlichen intakt ist und tatsächlich dem größten Teil der Bevölkerung eine
weitgehende Sicherheit verschafft. Diese Sicherung ist jedoch vielfach
nicht ausreichend (besonders bei Altersrentnern), sehr unterschiedlich

und entspricht nicht immer den Bedürfnissen der Betroffenen. Ihre Unübersichtlichkeit und oft wenig sinnvolle Ordnung führt zu Fehlleistungen und verletzt das Rechtsgefühl der Beteiligten. So muß es als Hauptforderung einer Reform unserer sozialen Sicherungseinrichtungen betrachtet werden, eine einfache, den Beteiligten erkennbare Rechtsordnung zu schaffen, selbst wenn dadurch feinere Abstufungen der rechtlichen Gestaltung ausgeschlossen werden. — Eine solche Vereinfachung des Rechts durch eine Kodifikation aller die soziale Sicherheit betreffenden Vorschriften sollte aber erst in Angriff genommen werden, nachdem die Grundlagen einer Gesamtreform festgelegt sind. Eine nur rechtstechnische Verbesserung der geltenden Gesetze würde — infolge der Notwendigkeit der Anpassung an die neuen Rechtsvorschriften — nur zu erneuter Unsicherheit führen und könnte zu dem Irrtum verleiten, daß mit einer solchen äußeren Ordnung der Rechtsvorschriften eine wirkliche Reform herbeigeführt sei.

Schließlich glaubt der Verfasser überzeugend dargelegt zu haben, daß alles Bemühen um soziale Sicherheit auf der Grundlage von Selbstvorsorge und Eigenverantwortung auf längere Sicht zum Scheitern verurteilt ist, sofern es nicht gelingt, den Glauben an eine S t e t i g k e i t d e s A b l a u f s d e r w i r t s c h a f t l i c h e n V e r h ä l t n i s s e, insbesondere an die S i c h e r h e i t d e r W ä h r u n g, zu erhalten und zu stärken. Es müssen daher manche sozialpolitisch vielleicht wünschenswert erscheinenden Regelungen — so z. B. die Einführung einer Preis-Indexrente (vgl. oben Dritter Teil, S. 128, 129) — unterbleiben, wenn sie inflationistische Auswirkungen haben. Es mag sein, daß eine Politik der Minderung des Geldwertes aus hier nicht zu erörternden Gründen in einer bestimmten wirtschaftlichen und sozialpolitischen Lage angebracht sein kann, — sie zerstört aber notwendig das Streben nach Selbstsicherung und Selbstverantwortung und ist daher vom Standpunkt einer Ordnung der sozialen Sicherheit abzulehnen, die eine möglichst weitgehende Vorsorge des einzelnen Bürgers für Zeiten der Not und des Alters für wertvoll hält.

KUMULIERUN

Leistungen und ihre rechtliche

Kumulierung laufender Geldleistungen

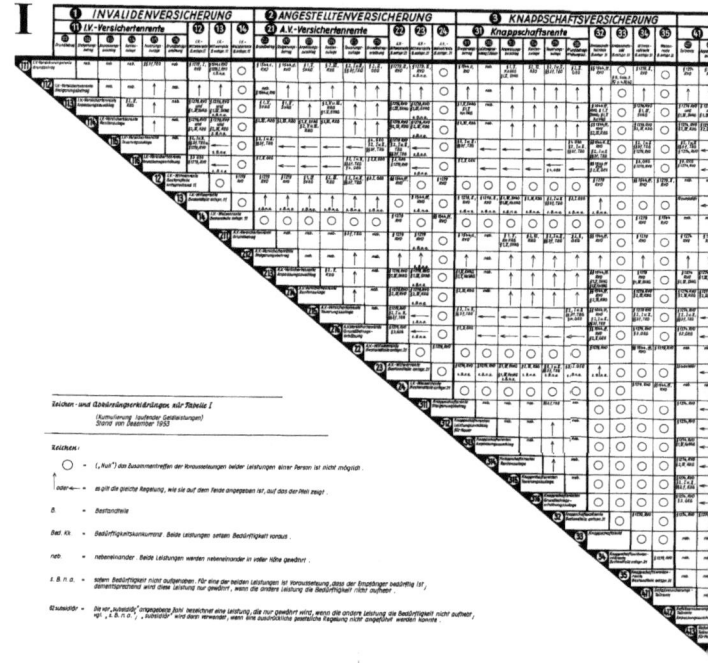

Krankenversicherung auf fremde Rechnung

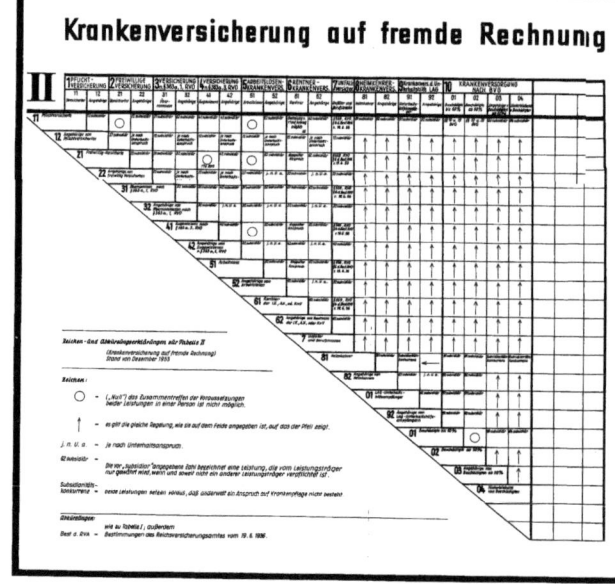

EN von öffentlichen sozialen AUSWIRKUNGEN

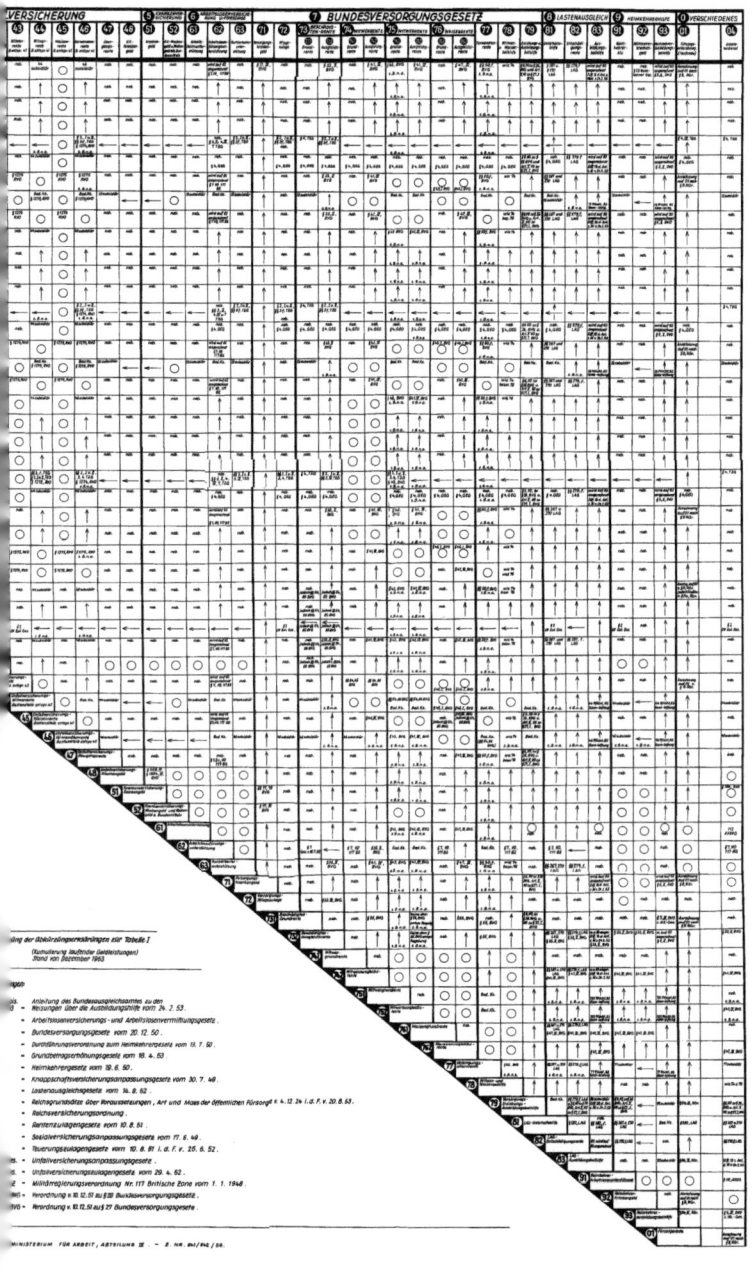

Printed by Libri Plureos GmbH
in Hamburg, Germany